COURAGE TO SHARE

LE COURAGE DE PARTAGER

COURAGE TO SHARE

Queer Activism in Africa

LE COURAGE DE PARTAGER

L'activisme Queer en Afrique

VOLUME 2

Published by / Publiée par
Taboom Media & GALA Queer Archive
2022

CONTRIBUTORS / CONTRIBUTEUR.RICE.S

Editors / *Éditeur.rice.s* : Brian Pellot, Welcome Mandla Lishivha, Unoma Azuah, Max Lobe, Debra Mason, Kevin Mwachiro, Gboko Stewart

Authors / *Auteur.e.s* : Innocent Grant, S. V., Billy Bilima, Diana Karungi, Walter Ude, Brandon Sansolé, Matlhogonolo Samsam, Brice Donald Dibahi, G. Q., Kayode Timilleyin Olaide, Kwame Tendai, Wanjiku « Shakes » Njenga, Janvier Bananeza, « Lekan » Olamilekan Olajubu Elijah, Charity Joannah, *Harry, Mauricio Ochieng', Layti, Mlondzi Nkambule, Ataman Kioya, Karin Johannes, Mc'Oveh, Jay Brodrick Otita, Lusa Chisulo, Nucci, Kelsey Kingsley, George Lafon, Grace Akumu

Illustrations : Alícia Dias Ribeiro, Amina Gimba, Ana Constantino, Anthony Benjamin Adeaba, Boniswa Khumalo, Bridget Wainaina, Christine Waithera, Chukwudi Udoye Eternal, Denise Ivone Mboana, Diana Carina Vunge da Silva Monteiro, Elliot Jaudz Oliver, Kevin Maithya Wamuthiani, Kgalalelo Shoai, WacomBoy (Khanya Kemami), Lame Dilotsotlhe, Larissa (Lari) Mwanyama, Leila Khan, Mercy Thokozane Minah, Neil Badenhorst, Precious Narotso, Sarah Ijangolet

Design : softwork.studio

Cover Illustration / *Illustration de couverture* : Precious Narotso

Translator / *Traducteur* : Mohamed Hedi Khiari

Proofreaders / *Relecteur.rice.s* : Donovan Greeff, Akey Fabrice Looky, Brian Pellot, Ciske Smit, Karin Tan

Project Managers / *Chef.fe.s du projet* : Brian Pellot, Karin Tan, Welcome Mandla Lishivha, Ciske Smit, Debra Mason

To view or download a digital version of this book, please visit:
Pour consulter ou télécharger la version électronique de ce guide, veuillez vous rendre sur :

TaboomMedia.com
GALA.co.za

First published in / *Première publication en 2022*
Taboom Media
GALA Queer Archive
Cape Town / *Le Cap* & Johannesburg

Publication was made possible with funding from the Arcus Foundation and the National Endowment for Democracy. Additional support was provided by SAIH (Norwegian Students' and Academics' International Assistance Fund), the Sigrid Rausing Trust and the Australian Volunteers Program, funded by the Australian Government. The contents of this publication are the sole responsibility of its authors and do not necessarily represent the views of funding partners.

Cette publication a été rendue possible grâce au soutien de la Fondation Arcus et du National Endowment for Democracy. Un soutien supplémentaire a été apporté par le SAIH (Norwegian Students' and Academics' International Assistance Fund), le Sigrid Rausing Trust et le Programme des Volontaires Australiens, financé par le gouvernement australien. Le contenu de ce document relève de la seule responsabilité de ses auteur.e.s et ne représente pas nécessairement l'opinion des partenaires financiers.

CONTENTS

INTRODUCTION

The one question that haunted my childhood:

Is it okay to be queer?

This collection of 28 stories from queer and ally activists in 17 African countries offers a resounding Yes! Yes, it's okay to be queer. Yes, your truth is valid. Yes, our existence matters.

Stories by and about queer people matter because they inform how we see ourselves. In the absence of affirming narratives, damaging ones prevail. We reclaim power by telling our own stories and reminding the world that we are more than suffering, pain, loss, and violence. Just glance at the illustrations in this anthology to see the splendour in our strides.

The golden thread that binds all of these stories together is the triumphant realisation that we are not alone. By telling their stories, each activist tells mine afresh. I, too, know the dangers of searching for love online; and what it's like spending sleepless nights worrying about conflicts between my sexuality and religion, and holding back my tongue from rolling my truth and my desire. I know what it's like to neatly fold away bits of myself for my own safety. I know what it's like to feel rejected because of my sexual orientation.

Being queer in Africa is challenging. The difficulties highlighted in these stories are a testament to the resilience and strength of the authors. They reveal activism born from a need for personal change, and a desire to channel pain and anger into improving things for the next generation who will walk in our shoes.

"Anger gave me purpose," writes Walter Ude from Nigeria. "These moments of creating artistic work have saved me," writes Billy Billima from Kenya. "Telling our unique stories as queer people can help make life less cruel for other minorities," writes Mathologonolo Samsam from Botswana.

This second volume in Taboom Media and GALA Queer Archive's *Queer Activism in Africa* series brings queer stories together so that we may unite and heal. They are exactly what I needed when I was a little kid struggling to affirm that my existence was valid and enough.

Even amid unlawful arrests, mental breakdowns, anxiety attacks, and violence, queer people have hopes and dreams. We hope for safety and equality and dream of prosperity and love.

Our superpower as a queer community is our ability to find and fight for each other. The beautiful stories and illustrations in this anthology communicate this unity, this saving grace for many who have been rejected by families, neighbours, and society.

Writing in times of crisis is an essential step towards breaking the shackles that claw at freedom, so congratulations to the activists who courageously share their stories here and work to break the chains of queer oppression.

Dearest reader, I hope you enjoy these stories as much as the other contributors and I enjoyed putting them together. I hope they remind you that you are not alone.

Welcome Mandla Lishivha
Author, Journalist & Activist
June 2022, Johannesburg

INTRODUCTION

La seule question qui a hanté mon enfance :

est-il normal d'être queer ?

Ce recueil de 28 récits d'activistes queers et allié.e.s de 17 pays africains y répond d'un Oui retentissant ! Oui, c'est normal d'être queer. Oui, ta réalité est valable Oui, notre existence compte.

Les histoires racontées par et sur les personnes queers sont importantes parce qu'elles influencent la façon dont nous nous percevons. En l'absence de récits positifs, les récits préjudiciables prévalent. Nous reprenons le pouvoir en racontant nos propres histoires et en rappelant au monde que nous sommes plus que la souffrance, la douleur, la perte et la violence. Il suffit de regarder les illustrations de cette anthologie pour voir la splendeur de nos pas.

Le fil d'or qui relie toutes ces histoires est la prise de conscience triomphante que nous ne sommes pas seul.e.s. En racontant leur histoire, chaque militant.e raconte la mienne d'une manière nouvelle. Moi aussi, je connais les dangers liés à la recherche de l'amour en ligne, je sais ce que c'est que de passer des nuits blanches tiraillé.e entre ma sexualité et ma religion, et de retenir ma langue pour ne pas révéler ma vérité et le désir que je ressentais. Je sais ce que c'est que de ranger soigneusement des parties de moi-même pour ma propre sécurité. Je sais ce que c'est que de se sentir rejeté à cause de mon orientation sexuelle.

Être queer en Afrique est un défi. Les difficultés mises en évidence dans ces histoires témoignent de la résilience et de la force des auteur.e.s. Elles révèlent un militantisme né d'un besoin de changement personnel et d'un désir de canaliser la douleur et la colère pour améliorer les choses pour la prochaine génération qui devra marcher à notre place.

« La colère m'a donné une raison d'être. », écrit Walter Ude du Nigeria. « Ces moments de création artistique m'ont sauvé. », écrit Billy Billima du Kenya. « Raconter nos histoires uniques en tant que personnes queers peut contribuer à rendre la vie moins cruelle pour les autres minorités. », écrit Mathologonolo Samsam du Botswana.

Ce deuxième volume de la série *Activisme Queer en Afrique* de Taboom Media et GALA rassemble des histoires queers afin que nous puissions nous unir et guérir. C'est exactement ce dont j'avais besoin lorsque j'étais un petit garçon qui luttait pour affirmer que mon existence était valable et suffisante.

Même au milieu des arrestations illégales, des dépressions, des crises d'angoisse et de la violence, les personnes queers ont des espoirs et des rêves. Nous espérons la sécurité et l'égalité et rêvons de prospérité et d'amour.

Notre super pouvoir en tant que communauté queer est notre capacité à nous retrouver et à nous battre les un.e.s pour les autres. Les belles histoires et illustrations de cette anthologie communiquent cette unité, cette grâce qui sauve beaucoup de personnes rejetées par leurs familles, leurs voisin.e.s et la société.

Écrire en temps de crise est une étape essentielle pour briser les chaînes qui entravent la liberté, alors félicitations aux activistes qui partagent courageusement leurs histoires ici et travaillent à briser les chaînes de l'oppression queer.

Cher.e lecteur.rice, j'espère que vous apprécierez ces histoires tout autant que les autres contributeurs et moi-même avons pris plaisir à les réunir. J'espère qu'elles vous rappelleront que vous n'êtes pas seul.e.

Welcome Mandla Lishivha
Auteur, journaliste & activiste
Juin 2022, Johannesburg

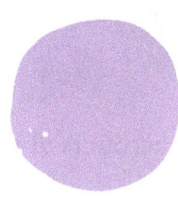

NOTES FROM THE EDITORS

The stories and illustrations in *Courage To Share: Queer Activism in Africa, Volume 2* come from across Sub-Saharan Africa. We've updated the series title from 2021's "Stories of Queer Activism in Sub-Saharan Africa" as an invitation to friends and partners in North Africa to contribute to forthcoming volumes and as a challenge to ourselves to ensure wider geographic inclusion. Activists and illustrators, please contactbrian@taboommedia.com for information about Taboom's forthcoming regional media advocacy and storytelling workshops.

Four of the stories in this anthology were originally written in French, the rest in English. The bolded title of each story in the Table of Contents indicates its original language.

Some of the stories include accounts of trauma. Please read with care.

The words and abbreviations used to describe sexual and gender diversity vary across context and culture. Some activists work on "LGBT rights," others for "LGBTQI+ equality." Throughout this anthology, each individual author's preferred terms and abbreviations have been preserved.

Some names have been changed (*) or replaced with initials to preserve anonymity.

NOTES DES RÉDACTEUR.RICE.S

Les histoires et les illustrations contenues dans *Le Courage De Partager : L'activisme Queer en Afrique, Volume 2* proviennent de toute l'Afrique sub-saharienne. Nous avons actualisé le titre de la série, qui s'intitulait en 2021 « Histoires d'Activisme Queer en Afrique subsaharienne » afin d'inviter nos amis et partenaires d'Afrique du Nord à contribuer aux prochains volumes et de nous mettre au défi d'assurer une plus grande inclusion géographique. Activistes et illustrateur.rice.s, veuillez contacter brian@taboommedia.com pour obtenir des informations sur les prochains ateliers régionaux de Taboom consacrés au plaidoyer médiatique et au storytelling.

Quatre des histoires de cette anthologie ont été écrites en français, les autres en anglais. Le titre en gras de chaque histoire dans la table des matières indique sa langue d'origine.

Certains récits comprennent des témoignages d'événements traumatiques. Prière d'en tenir compte au cours de votre lecture.

Les mots et les abréviations utilisés pour décrire la diversité sexuelle et de genre varient selon le contexte et la culture. Certain.e.s activistes travaillent pour les « droits LGBT, » d'autres pour « l'égalité LGBTQI+. » Dans cette anthologie, les termes et abréviations préférés de chaque auteur.rice ont été conservés.

Certains noms ont été modifiés (*) ou remplacés par des initiales pour conserver l'anonymat.

SPEAK YOUR LOVE

INNOCENT GRANT
Tanzania

At age 23, after a decade of calling *Twalib my best friend, I decided to tell him the truth. I couldn't let my love go unspoken anymore.

In the middle of 2020, with much of the world still in COVID lockdown, we rented a house together in Dar es Salaam. We even shared a bed. He was always talking about his girlfriends, but I found him irresistible. As a Muslim, he was very religious, and I found it difficult to tell him how I felt.

I thought he was bisexual but didn't want to ask. One evening, while we were lounging at home, I started a conversation about homosexuality. As soon as I mentioned the word he sat up and said through clenched teeth: "homosexuality is a sin!" My heart was burning for him, but he was homophobic, so I suppressed my attraction.

One morning, while alone, I wanted to send him a text message telling him how I felt. Afternoon came, I didn't send it. Evening came, and I did nothing. Then a sudden courage came over me.

I texted him: "Hey brother. I have been hiding this for a long time, but I think I am bisexual, and I really love you. I want you to be my boyfriend." I sent it. My heart was pounding.

Twalib came back that evening. I was so anxious. I watched him closely to see if he would reveal his feelings about my message, but he didn't show any emotion. He never texted me back.

Silence sat between us that night. In the morning, I watched him grab his bags and walk away. I didn't see or hear from him for the rest of that year. I felt so stupid for being rejected and ignored, but I missed him so much. My nights were sleepless. Time only made things worse.

Even in my bouts of depression and suicidal thoughts, flashes of how I met Twalib entered my mind. I met him in early 2010 when I was at secondary school in the Southern Highlands of Tanzania. In class one day, my eyes fell upon this tall, handsome guy. We connected instantly. Within a few weeks, we became best friends, but deep down I knew what I wanted. I was so sad when he turned me down.

I knew I couldn't continue wallowing in pain and sadness, so I got help. I reached out to Dr. Michael Brady, a U.K. national medical advisor for LGBTQI health who I met while president of my college's sexual health club, and poured out my heart to him. I told him I felt worthless and undeserving of love. He sent me an affirming message: "Innocent, you are valid the way you are. True love and true friends will always stay."

Dr. Brady's message gave me hope. That hope yielded fruit a few months later when I met *Melvin. At first, I was self-conscious about telling him I found him attractive, worried it might be inappropriate for our working relationship at the sexual health club. So I was pleasantly surprised when Melvin walked up to me one day with a big smile.

"If a man told you he finds you attractive and tries to seduce you, what would you do?" he asked, grinning.

"What?" I responded, not believing my ears. Melvin repeated the question. My smile grew even wider than his. "I would appreciate the seduction and love. If I found the person attractive, I would date him."

"Well, I find you very attractive," he laughed. "I hope you feel the same way."

Instantly, I wrapped my arms around him and confessed that I did. Melvin reassured me that there's no need to let love go unspoken.

Our relationship inspired me to do something for other queer boys who feel rejected and unworthy, the way Twalib made me feel. I used my leadership skills to become a youth mentor and started travelling to southern Tanzania to lead trainings at the sexual health club's events.

In early 2021, I became program director at Young and Alive Initiative, a youth-led organisation that works to advance young people's sexual health and rights. I now use this platform to support LGBTQI rights.

Through my advocacy work and personal experiences, I've learned that no matter the disappointments we face, hope will prevail. We must protect this hope and enjoy its fruits, so we can inspire hope in others.

Innocent Grant is a program director at Young and Alive Initiative in Dar es Salaam, Tanzania. He is a gender and sexual health specialist and youth leader with expertise in social and behavioural change, focused on advancing LGBTQI and other human rights.

DITES VOTRE AMOUR

INNOCENT GRANT
Tanzanie

À 23 ans, après avoir appelé *Twalib mon meilleur ami pendant plus d'une décennie, j'ai décidé de lui avouer la vérité. Je ne pouvais plus taire mon amour.

Au milieu de l'année 2020, alors qu'une grande partie du monde était encore confinée à cause du COVID, nous avons loué ensemble une maison à Dar el Salaam. Nous partagions même un lit. Il parlait toujours de ses petites amies, mais je le trouvais irrésistible. En tant que musulman, il était très croyant et je ne pouvais pas lui dire ce que je ressentais.

Je croyais qu'il était bisexuel mais je ne voulais pas lui poser la question. Un soir, alors que nous nous reposions à la maison, j'ai entamé une conversation sur l'homosexualité. Dès que j'ai mentionné le mot, il s'est levé et a dit, les lèvres serrées : « L'homosexualité est un péché ! » Mon cœur battait pour lui, mais il était homophobe, alors j'ai réprimé l'attirance que j'éprouvais pour lui.

Un matin, alors que j'étais seul, j'ai voulu lui envoyer un message pour lui dire ce que je ressentais.

Je lui ai envoyé un texto : « Salut mec. Cela fait longtemps que je te le cache, mais je pense que je suis bisexuel et je t'aime vraiment. Je voudrais que tu sois mon petit ami. » Je l'ai envoyé. Mon cœur tambourinait.

Twalib est revenu le soir même. J'étais très nerveux. Je l'ai observé attentivement pour voir s'il allait me faire part de ses sentiments à la suite de mon message, mais il n'a montré aucune émotion. Il n'a jamais répondu à mon message.

Le silence s'est installé entre nous cette nuit-là. Le matin, je l'ai vu prendre ses affaires et partir. Je ne l'ai plus jamais revu ou eu de ses nouvelles cette année-là. Je me sentais tellement bête d'avoir été rejeté et ignoré, mais il me manquait tellement. Mes nuits furent interminables. Le temps n'a fait que rendre les choses plus difficiles.

Même dans mes épisodes dépressifs et d'idéations suicidaires, des souvenirs de ma rencontre avec Twalib me venaient à l'esprit. Je l'avais rencontré début 2010, alors que j'étais au lycée dans les Southern Highlands de Tanzanie.

Un jour, en classe, mes yeux sont tombés sur ce grand et beau garçon. Nous avons sympathisé instantanément.En quelques semaines, nous étions devenus meilleurs amis, mais au fond de moi, je savais ce que je voulais. J'étais si triste quand il m'a repoussé.

Je savais que je ne pouvais pas continuer à me noyer dans la douleur et la tristesse, j'ai donc demandé de l'aide. J'ai contacté le Dr Michael Brady, un spécialiste britannique de la santé des personnes LGBTQI, que j'avais rencontré alors qu'il était président du club de santé sexuelle de mon université et lui ai déversé tout ce que j'avais sur le cœur. Je lui ai dit que j'avais l'impression de n'être bon à rien et que je ne méritais pas d'être aimé. Il m'a envoyé un message rassurant : « Innocent, tu es très bien comme tu es. L'amour sincère et les vrais amis seront toujours là. »

Le message du Dr Brady m'a redonné de l'espoir. Cet espoir a porté ses fruits quelques mois plus tard quand j'ai rencontré *Melvin. Au début, j'étais gêné de lui dire que je le trouvais attirant, de peur que ce soit inapproprié compte tenu des relations professionnelles que nous entretenions dans le cadre du club de santé sexuelle. Donc j'ai été agréablement surpris quand Melvin est venu me voir un jour avec un grand sourire.

« Si un homme te disait qu'il te trouvait attirant et qu'il essayait de te séduire, que ferais-tu ? » a-t-il demandé en souriant.

« Quoi ? » J'ai répondu, n'en croyant pas mes oreilles. Melvin a répété la question. Mon sourire était encore plus grand que le sien. « Ça me ferait plaisir qu'on me séduise et qu'on m'aime. [Et] si je le trouvais attirant, je sortirais avec lui. »

« Eh bien, je te trouve très attirant,» dit-il en riant. « J'espère que tu penses la même chose de moi. »

Immédiatement, je l'ai pris dans mes bras et lui ai avoué que je l'aimais. Melvin m'a rassuré en me disant qu'il n'y avait aucune raison de taire mon amour.

Notre relation m'a donné l'idée de faire quelque chose pour d'autres garçons queers qui se sentent rejetés et indignes, comme ce que m'a fait ressentir Twalib. J'ai utilisé mes compétences de leadership pour devenir mentor pour les jeunes et j'ai commencé à me rendre dans le sud de la Tanzanie pour animer des formations lors d'événements organisés par le club de santé sexuelle.

Au début de l'année 2021, je suis devenu responsable de programme de l'initiative Young and Alive, une organisation dirigée par des jeunes qui œuvre en faveur de la santé et des droits sexuels des jeunes. J'utilise désormais cette plateforme pour soutenir les droits de la communauté LGBTQI.

Grâce à mon travail de plaidoyer et à mes expériences personnelles, j'ai appris que, quelles que soient les déceptions auxquelles nous sommes confronté.e.s, l'espoir triomphe. Nous devons protéger cet espoir et profiter de ses fruits, pour pouvoir donner de l'espoir aux autres.

Innocent Grant est responsable de programme à l'initiative Young and Alive à Dar es Salaam, en Tanzanie. Spécialiste de la santé sexuelle et de l'égalité des genres et leader de mouvements pour la jeunesse, il possède une expertise en matière de changement social et comportemental axé sur la promotion des droits des personnes LGBTQI et des autres droits humains.

VULTURES ALL AROUND US

S. V.

Burkina Faso

Illustration by Kgalalelo Shoai

"Hey Boss! Help me! Boss!"

Am I dreaming? No, this is real. Someone is banging on my door.

"Hurry up, Boss!"

I look out the window of my living room, which also serves as the headquarters of Alternative Burkina, an association fighting against homophobia that I co-founded with friends in 2014 and that has become a refuge for LGBT people in Bobo-Dioulasso. Outside, on the other side of the fence, I see a crowd of angry young men. What's going on?

My colleagues call for help again. I hurry to open the front door and close it as soon as they are inside.

"What's the matter? Why all these people?" My shaking voice matches the colour of fear in their eyes.

"Kill them!" the outsiders shout in anger. "Faggots!" others add to the melee. That's when I realise the severity of this situation. What to do? How can I defend my colleagues? And can we really defend ourselves?

How many young men are gathering outside? 50? 100? I can't tell. The ones I can see are wielding bludgeons, iron bars, and batons. The metal barrier that was blocking their path gives way under their force. They flood into our courtyard.

"Boss, what do we do?" young Adama asks me, crying. My home, Alternative Burkina, had become Adama's home too after his family threw him out for being gay. At my place, he once told me, he was no longer afraid. He could be himself. Now we're under siege.

The pack grows louder and moves forward like an animal in rut, a rampaging beast.

"Kill the faggots! Kill the faggots!"

I order my colleagues to hide in my bathroom. Rocks hit. Fists bang. Again and again. The shutters are broken. Glass shatters on the floor. We're trapped.

What can a cockroach do in a chicken coop? Sooner or later, it gets pecked. The door gives way, and we're delivered to the mob. Vultures all around us. They peck their barbarous beaks.

I can still see their faces. They are kids. Kids turned into powerful goblins. Ruthless. I remind them that I'm their elder, hoping it conjures the respect our society commands, but they don't care. I'm gay.

The beating lasts forever. Forgetting is impossible. I still hear their voices full of hate.

I want to yell. I want to protest. I want to tell them they are cowards – spineless, brainless, hungry, cockroaches. Yes, they are the cockroaches, not us. They have no business coming after us, especially not my friends, not young Adama.

"Leave them alone!" I shout, cowering on the floor.

I want to tell the bastards they're in my house. It's me who runs this place. Someone reads my mind.

"He's the leader of the faggots!"

Beatings, beatings, beatings. My stomach, my head, my life. Not a sound comes out of my mouth. Instead, I spit blood. The beatings, the beatings, the beatings. When will this end?

A few hours later, I'm in bed at the local hospital. The pain oppresses me, heavy in my chest. Young Adama sits next to me. His tears rain on my hand. He tells me he hid in my bedroom wardrobe and phoned the police. The approaching siren sent our assailants running, leaving me there to die. They will not be sought or punished. Adama gets away with a few minor injuries. And the others? They are in critical condition.

This was April 2020. It took two months for my physical wounds to heal. Fear made me unable to move. Without the moral and financial support I received, I would never have had the strength to move to another neighbourhood and carry on the activities of Alternative Burkina, which still exists today.

S. V. is the president of Alternative Burkina, an association fighting against homophobia in Bobo-Dioulasso, Burkina Faso.

DES VAUTOURS AUTOUR DE NOUS

S. V.

Burkina Faso

« Boss ! Au secours ! Boss ! » Je crois rêver, mais non, c'est bien réel. On cogne à ma porte. « Vite boss ! » Je sors de mon bureau et me dirige vers la fenêtre de mon salon qui sert aussi de siège d'Alternative Burkina, une association pour la lutte contre l'homophobie que j'ai créée en 2014 avec des ami.e.s et qui est devenue un refuge pour les personnes LGBT à Bobo-Dioulasso. Là, dehors, de l'autre côté de la barrière, j'aperçois une foule de jeunes hommes furieux. Que se passe-t-il ?

Mes collègues crient encore une fois à l'aide. Je m'empresse de leur ouvrir la porte d'entrée que je referme aussitôt qu'ils sont à l'intérieur.

« Mais… que se passe-t-il ? Pourquoi tous ces gens ? » Ma voix tremblante trahit la couleur de la peur dans leurs yeux.

« A mort ! » hurlent les uns, en colère, « Les pédés ! », répondent les autres dont les propos viennent s'entremêler à ceux des précédents. C'est là que je réalise la gravité de la situation. Que faire ? Comment se défendre ? D'ailleurs est-ce que nous pouvons vraiment nous défendre ?

Combien sont-ils ces jeunes hommes ? Une cinquantaine ? Une centaine ? Je n'en sais rien. Toujours est-il qu'ils sont armés de gourdins, de barres de fer et de matraques qu'ils brandissent méchamment. La barrière en fer qui leur bloquait la voie, finit par céder sous leur force. Les voilà qui envahissent la cour du siège.

« Boss, on fait quoi ? », me demande le jeune Adama, en larmes. Les locaux d'Alternative Burkina, chez moi donc, étaient devenus sa maison après que sa famille l'avait jeté dehors lorsqu'elle avait appris qu'il était gay. Chez moi, m'avait-il confié un jour, il n'avait plus peur. Il pouvait être lui-même. Et nous voici assiégés.

La meute avance à mesure que le bruit augmente en volume tel un animal en rut, un animal déchaîné.

« A bas les pédés ! A bas les pédés ! »

J'ordonne à certain.e.s de mes collègues de se cacher dans mes toilettes ou dans mon bureau. Ça tape. Ça cogne. Encore et encore. Les persiennes se brisent. J'entends jusqu'à l'éclat du verre au sol, sur la dalle.

Que peut faire un cafard dans un poulailler ? Il finira tôt ou tard par se faire picorer. La porte d'entrée de ma salle de réunion cède et nous voilà livré.e.s à la vindicte populaire. Des vautours autour de nous. Nous picorant de leurs becs barbares.

Je revois encore leurs visages. Ce sont des gamins. Des gamins mués en puissants lutins. Impitoyables. Je leur rappelle que je suis leur aîné, en espérant qu'ils me témoigneront le respect que notre société exige. Pourtant, ils s'en foutent … je suis gay.

J'ignore combien de temps a duré la baston. Impossible d'oublier ce qui s'est passé. Et je les entends encore, la voix pleine de haine.

Je veux crier. Je veux protester. Je veux leur dire qu'ils ne sont rien moins que des lâches, des sans-couilles, des écervelés, des cafards affamés. Oui, ce sont eux les cafards, pas nous. Ils n'ont pas à s'en prendre à nous, surtout pas à mes ami.e.s, surtout pas au jeune Adama.

Je veux leur dire qu'ils les laissent donc tranquilles.

« Foutez-leur la paix ! » je parviens à lancer, recroquevillé que je suis au sol.

J'ai envie de leur dire qu'ils sont chez moi. Ici, c'est moi le chef. D'ailleurs, quelqu'un a dû lire dans mes pensées:

« C'est lui, le chef des pédés ! »

Des coups, des coups, des coups. Mon ventre, ma tête, ma vie. Ma bouche, aucun son n'en sort. À la place, je crache du sang. Des coups, des coups, des coups. Quand est-ce que cela prendra fin ?

Quelques heures plus tard, je suis dans un lit, au dispensaire du quartier. La douleur m'opprime, m'écrase la poitrine. Assis à mes côtés, le jeune Adama. Il mouille ma main de ses larmes. Il me raconte qu'il s'était caché dans ma chambre, dans ma penderie. Il avait téléphoné à la police. C'est comme ça que nos agresseurs, au bruit du gyrophare de la police, s'étaient enfuis me laissant là, pour mort dans mon salon. Ils ne seront ni recherchés ni punis. Adama s'en est tiré avec quelques blessures légères. Et les autres ? Ils sont dans un état critique. Je ne les reverrai plus jamais.

C'était en avril 2020, il m'a fallu deux mois pour guérir de mes blessures corporelles. La peur m'avait tétanisé. Sans les messages de soutien moral, mais aussi financier que j'ai reçu, je n'aurais jamais eu la force de déménager dans un autre quartier et de reprendre les activités d'Alternative Burkina qui, encore aujourd'hui, continue d'exister.

S. V. est le président d'Alternative Burkina, une association de lutte contre l'homophobie à Bobo-Dioulasso, Burkina Faso.

ART KEEPS ME ALIVE

BILLY BILIMA
Kenya

The day I was diagnosed with bipolar disorder, I broke down at the psychiatrist's office. I locked myself away at home, left only to get food, and avoided friends and social gatherings. The stigma that surrounds mental disorders had seeped inside of me. I hated myself.

I was put on medication, which I took for a few months, then stopped. It didn't seem to be working. I struggled with alcoholism and suicidal thoughts. By the end of 2020, my only New Year's resolution was to stay alive. By May of 2021 I was suicidal. The therapist I was seeing suggested I go back to a psychiatrist. I stopped going to talk therapy and started wondering if there were other ways to heal.

I noticed that the relief I experienced after writing a poem or shooting photos felt much more effective than medication. When I am in a mental dump, I pick up my camera and go outside to take photos of flowers and things I find interesting in the backyard. These photographs fill me with joy and raise my self-esteem. These moments of creating artistic work have saved me.

Seeing how art was helping me get better, my partner and I started hosting digital and physical art spaces for people who struggle with mental health issues and need an outlet. We started HeART Out in November 2021 to facilitate painting, dancing, writing, yoga, photography, and other art therapy events. Most of our art activities are outdoors because the sun boosts mental health too. The goal of HeART Out is to heal hearts using art. Beyond creating safe places to heal, HeART Out starts conversations about mental illnesses and disorders.

For a long time, I struggled to accept my mental health condition. Only recently could I look in the mirror and acknowledge that I have bipolar disorder and that it's okay. While it might make my life slightly more difficult, it does not bar me from living a fulfilling life and chasing after my dreams.

I want people with mental illnesses to come to our HeART Out space and not shy away and isolate themselves from talking about mental health like I did. Isolation only made my situation worse, pushing me further into

Illustration by Ana Constantino

depression, suicidal ideation, and alcohol addiction. Now I am ready to talk about mental health and unpack stereotypes, myths, and misconceptions about mental illnesses and disorders like anxiety and depression.

As LGBTIQ+ people, I know we can further support each other to heal as individuals and communities. Together we can create civic spaces where we intentionally engage in mental wellness activities as part of our daily lives.

When I feel lost or overwhelmed, I pick up my pen or camera and get completely lost in the art. It grounds me and lessens my anxiety. Whether I spend a few minutes or hours creating art, afterwards I always feel refreshed and able to tackle the world.

The thing about using art for healing is that you do not have to be "good" at it for it to be helpful. You just need to find something that you enjoy doing. Do not seek perfection or validation, just do what you love. And if you need inspiration, I can guide you. Let's heal together.

Billy Bilima is a queer artist and activist in Eldoret, Kenya. They co-founded HeART Out, an organisation that uses art to manage mental health conditions and support LGBTIQ+ people.

L'ART ME FAIT VIVRE

BILLY BILIMA
Kenya

Le jour où j'ai appris que j'étais bipolaire, j'ai craqué dans le bureau du psychiatre. Je me suis enfermé.e chez moi, je ne sortais que pour aller chercher de la nourriture, je refusais de voir mes amis et j'évitais les rencontres sociales. La stigmatisation qui entoure les troubles mentaux s'était infiltrée en moi. Je me détestais.

J'ai été mis sous traitement, traitement que j'ai suivi pendant quelques mois, puis que j'ai arrêté. Cela ne semblait pas fonctionner. J'avais des problèmes avec l'alcool et entretenais des pensées suicidaires. Vers la fin de 2020, ma seule résolution du Nouvel An était de rester en vie. En mai 2021, j'étais suicidaire. Le thérapeute que je consultais m'a suggéré de retourner voir un psychiatre. J'ai cessé d'aller aux séances de psychothérapie et j'ai commencé à me demander s'il n'existait pas d'autres moyens de guérison.

J'ai remarqué que la sensation de soulagement que je ressentais après avoir écrit un poème ou pris des photos était bien plus efficace que l'effet que me procuraient les médicaments. Lorsque je suis dans un état de dépression, je prends mon appareil photo et je sors photographier les fleurs et les choses que je trouve intéressantes dans le jardin. Ces photos me remplissent de joie et renforcent mon estime de soi. Ces moments de création artistique m'ont sauvé.e.

Constatant que l'art m'aidait à me sentir mieux, mon.ma partenaire et moi avons commencé à créer des espaces artistiques virtuels et physiques pour les personnes qui souffrent de troubles de la santé mentale et qui ont besoin d'un refuge. Nous avons lancé HeART Out en novembre 2021 pour promouvoir la peinture, la danse, l'écriture, le yoga, la photographie et d'autres activités d'art-thérapie. La plupart de nos activités artistiques se déroulent en extérieur, car le soleil contribue aussi à améliorer la santé mentale. L'objectif de HeART Out est de soigner les cœurs grâce à l'art. En plus de créer des espaces où se soigner en toute sécurité, HeART Out initie des échanges portant sur les maladies et les troubles mentaux.

J'ai longtemps lutté pour accepter mon état de santé mentale. Ce n'est donc que récemment que j'ai pu me regarder dans le miroir et admettre que j'ai un trouble bipolaire et que ce n'est pas grave. Même si cela rend ma vie un peu plus difficile, cela ne m'empêche pas de vivre une vie épanouissante et de poursuivre mes rêves.

Je veux que les personnes atteintes de maladies mentales viennent à notre espace HeART Out et n'aient pas peur de parler de santé mentale comme je l'ai fait. L'isolement n'a fait qu'aggraver ma situation, me plongeant encore plus dans la dépression, dans les idées suicidaires et dans la dépendance à l'alcool. Maintenant, je suis prêt.e à parler de santé mentale et à déconstruire les stéréotypes, les mythes et les idées reçues sur les maladies et les troubles mentaux comme l'anxiété et la dépression.

En tant que personnes LGBTIQ+, je sais que nous pouvons nous soutenir davantage pour guérir en tant qu'individus et communautés. Ensemble, nous pouvons créer des espaces communautaires où nous nous engageons délibérément dans des activités favorisant le bien-être mental au quotidien.

Quand je me sens perdu.e ou à bout, je prends mon stylo ou mon appareil photo et je me perds complètement dans l'art. Cela me recentre et atténue mon anxiété. Que je passe quelques minutes ou des heures à créer, je me sens toujours reposé.e et capable d'affronter le monde.

L'utilisation de l'art à des fins thérapeutiques ne nécessite pas d'être « bon » dans ce domaine pour être utile. Vous devez simplement trouver quelque chose que vous aimez faire. Ne cherchez pas la perfection ou la reconnaissance, faites simplement ce que vous aimez. Et si vous avez besoin d'inspiration, je peux vous aider. Guérissons ensemble.

Billy Bilima est un.e artiste et un.e activiste queer à Eldoret, au Kenya. Iel a cofondé HeART Out, une organisation qui utilise l'art comme moyen de prise en charge des troubles de la santé mentale et de soutien des personnes LGBTIQ+.

MY SERMON ON SELF-LOVE

DIANA KARUNGI
Uganda

I was born at the height of the kutendereza period, a Pentecostal Christian revolution that engulfed Uganda in the late 1980s. "Spirit-filled" churches sprouted up all over Kampala's dusty suburbs, pulling massive crowds of poor and middle-class Ugandans from attending the more theologically liberal mainstream Christian denominations. Meanwhile, as this exodus to salvation unfolded, AIDS ravaged the country.

My family was multi-ethnic at a time when inter-tribal marriages were still taboo. My mother, a traditional Muganda woman, was a devoted "mulokole," which means born-again Christian, while my late father was a staunch Anglican Mutooro man. Maybe because of the religious principles instilled in us from a young age, we adopted a "don't ask, don't tell" policy in regard to LGBTQ+ issues. We never questioned or talked about AIDS, mental health, child abuse, gender expression, sexuality, or other sensitive subjects. This silence harmed my siblings and me. We bottled up what we felt and suffered quietly.

I realised my attraction to girls at age five, but didn't know what these feelings meant. One rainy Sunday morning when I was seven, I was sitting on a bench in the mouldy wooden building that served as our Sunday school when the sermon from the adjacent church caught my ears. I heard the pastor shout at the top of his voice about "Sodom and Gomorrah" being burnt to the ground due to "ebisiyaga," which loosely translates as "homosexuality." The pastor's interpreter echoed his words in the local language, and the congregation thundered "AMEN" in agreement.

This story and the congregation's reaction intrigued me. Why did Sodom and Gomorrah elicit such a response? I snuck into the church to listen and hid near the back on a broken plastic chair. In their frenzy, the adults left me unnoticed. I watched the pastor march aggressively across the stage before the congregation, immersed in a babble of tongues, as he cast the "demons of homosexuality" out of Uganda. I saw most of the adults jump up and thump their feet, stirring up clouds of dust while holding their Bibles high—almost in ecstasy—as they called for God's wrath to fall upon other human beings.

Illustration by Boniswa Khumalo

That was the first time I put a word to who I was and my attraction to the same gender. I was homosexual, and as they described it, my sin could destroy cities. God's wrath was against my kind. That sermon triggered powerful feelings of loathing, isolation, and rejection within me. It made me hate church and dislike my family, especially my mom, who embraced this religion that demonised my existence.

Years of stigma, self-criticism and low self-esteem followed. My emotions fuelled failed suicide attempts and a period of self-harm through cutting and burning myself, as I tried to kill the gay within me. Eventually my mother and friends—unaware of my internal struggle—saved me from death.

"Enough is enough!" my mother shouted and sobbed whenever I had an episode. Her cries led me to therapy, which at the time didn't do me any good. Pastors tried to exorcise me, but nothing could snuff out my attraction to women. I prayed ceaselessly, but my supplications went unanswered.

By age 16 religious homophobia had plunged its claws into my mind, ploughed bitterness into my heart, and ruined my entire being. Alcohol, sex, and partying took over my life to mask the shame and anger I felt towards myself. Throughout my teenage years I battled to make sense of my attraction; these feelings I had not chosen. Confusion reigned within me.

My salvation came in 2007 when, aged 24, I finally embraced and accepted myself for who I am. I knew my days were numbered if I didn't take myself out of the torture of unacceptance. After much self-reflection and counselling, I learned to love myself again. I slowly took control of my life and began speaking my truth. I set myself free.

Facebook became my best friend, as it introduced me to a new tribe of people like me; people I could vibe with. Over time I came to accept all the parts of myself that years earlier had made me feel unworthy and unlovable.

Meeting other young queer individuals taught me to be brave and gave me the courage to share my story. That's when my queer activism journey really began. I didn't want to see another young LGBTQ+ person go through what I had experienced. I learned empathy and kindness, and I started healing.

Now that I am living true to myself as a lesbian, I teach kuchu (queer) youth with similar struggles how to love themselves. This goal has become my mission and salvation. It's my sermon.

Diana Karungi is a Ugandan human rights activist and queer feminist who is passionate about the arts, economic justice, mental wellness, and spirituality, especially in relation to minority women.

MON SERMON SUR L'AMOUR DE SOI

DIANA KARUNGI
Ouganda

Je suis née en pleine période de kutendereza, une révolution chrétienne pentecôtiste survenue en Ouganda à la fin des années 1980. L'apparition d'églises remplies du « Saint-Esprit » dans les banlieues de Kampala a attiré des hordes d'Ougandais.es issu.e.s des classes pauvres et moyennes provenant des principales dénominations chrétiennes, plus libérales sur le plan théologique. Pendant que cet exode vers le salut se déroulait, l'épidémie du VIH/sida ravageait le pays.

Ma famille était multiethnique à une époque où les mariages intertribaux étaient encore tabous. Ma mère, une femme traditionnelle du Bouganda, était une « mulokole » dévouée, ce qui signifie une chrétienne convertie, tandis que mon défunt père était un un fervent Anglicain Mutooro. Peut-être qu'à cause des principes bibliques qui nous ont été inculqués, nous avons adopté l'idéologie « don't ask, don't tell » en ce qui concerne les questions LGBTQ+ dès notre plus jeune âge. Nous n'avons jamais posé de questions ni parlé de sida, de santé mentale, de maltraitance faite aux enfants, d'expression de genre, de sexualité ou d'autres sujets sensibles. Ce silence nous a fait du mal, à mes frères, à mes sœurs et à moi. Nous avons étouffé nos sentiments et avons continué à souffrir en silence.

À l'âge de cinq ans, je me suis rendue compte que j'étais attirée par les filles, mais je ne savais pas ce que signifiaient ces émotions. Un dimanche matin pluvieux, alors que j'avais sept ans, j'étais assise sur un banc dans le bâtisse en bois moisi qui nous servait d'école du dimanche, lorsque le sermon de l'église voisine a capté mon attention. J'ai entendu le prêtre déclarer à voix haute que « Sodome et Gomorrhe » avaient été incendiées à cause de l'« ebisiyaga », ce qui signifie homosexualité. L'interprète du prêtre a répété ses paroles dans la langue locale, et la congrégation a tonné un « AMEN » en guise d'approbation.

Cette histoire et la réaction de la congrégation m'avaient beaucoup intriguée. Pourquoi Sodome et Gomorrhe avaient-elles suscité une telle réaction [de l'auditoire] ? Je me suis infiltré.e dans l'église pour écouter et me suis caché.e au fond sur une chaise en plastique cassée. Dans leur déchainement, les adultes ne m'avaient pas remarqué.e. J'ai regardé le pasteur marcher agressivement sur l'estrade, devant les congrégant.e.s plongé.e.s dans un brouhaha de langues, expulsant les « démons de l'homosexualité » hors de l'Ouganda. Je regardais la plupart des adultes sauter et taper du pied, soulevant des nuages de poussière tout en brandissant leur bible bien haut-quasiment en extase alors qu'ils demandaient que la colère divine s'abatte sur d'autres êtres humains.

C'était la première fois que je mettais un mot sur qui j'étais et sur mon attirance pour le même sexe. J'étais homosexuelle, et comme ils l'avaient décrit, mon péché pouvait anéantir des villes. La colère de Dieu était dirigée contre mes semblables. Ce sermon a déclenché en moi de puissants sentiments de dégoût, d'isolement et de rejet. Cela m'a fait haïr l'église et haïr ma famille, en particulier ma mère, qui avait embrassé cette religion qui diabolisait mon existence.

Des années de stigmatisation, d'autocritique et de manque d'estime de soi ont suivi. Mes émotions ont été à l'origine de tentatives de suicide ratées et d'une période d'automutilation où je me suis coupée et brûlée pour tenter de tuer l'homosexuelle qui est en moi. Finalement, ma mère et mes ami.e.s — qui n'avaient aucune idée quant à la lutte intérieure que je menais — m'ont sauvé.e de la mort.

« Ça suffit ! », criait ma mère en hurlant et en sanglotant à chaque fois que je faisais une crise. Ses cris m'ont poussé à suivre une thérapie, qui à l'époque ne m'avait pas du tout rendu.e service. Les prêtres ont essayé de m'exorciser, mais rien ne pouvait éteindre mon attirance pour les femmes. Je priais sans cesse, mais mes supplications restaient sans réponse.

À l'âge de 16 ans, l'homophobie religieuse était ancrée dans mon esprit, avait creusé son amertume dans mon cœur et avait anéanti mon être tout entier. L'alcool, le sexe et les soirées ont envahi ma vie pour m'aider à noyer la sensation de honte et de colère que je ressentais envers moi-même. Tout au long de mon adolescence, je me suis battue pour donner un sens à cette attirance, à ces sentiments que je n'avais pas choisis. La confusion régnait en moi.

J'ai trouvé la voie du salut en 2007, lorsque, à l'âge de 24 ans, je me suis enfin accepté.e telle que je suis. Je savais que mes jours étaient comptés si je ne me libérais pas de la torture de la non-acceptation. Après une longue période d'introspection et des séances de thérapie, j'ai appris à m'aimer à nouveau. J'ai doucement repris le contrôle de ma vie et j'ai commencé à accepter la réalité. Je me suis libéré.e.

Facebook est devenu mon meilleur ami, car m'ayant permis de rencontrer de nouvelles personnes qui me ressemblaient, des personnes avec qui je pouvais échanger. Au fil du temps, j'ai fini par m'accepter comme je suis, toutes les parties de moi-même qui, des années auparavant, m'avaient fait sentir indigne et peu aimable.

Rencontrer d'autres jeunes personnes queers m'a appris à être courageuse et m'a donné le courage de partager mon histoire. C'est à ce moment-là que mon militantisme queer a vraiment commencé. Je ne voulais pas que d'autres jeunes LGBTQ+ vivent ce que j'avais vécu. J'ai appris l'empathie et la gentillesse, et j'ai commencé à guérir.

Maintenant que je suis fidèle à moi-même en tant que lesbienne, j'enseigne aux jeunes kuchu (queers) qui rencontrent les mêmes difficultés comment s'aimer. Cette mission est devenue ma mission et mon salut. C'est mon sermon.

Diana Karungi est un.e militant.e des droits humains et une féministe queer ougandaise qui est passionnée des arts, de justice économique, de bien-être mental et de spiritualité, en particulier en ce qui concerne les femmes minoritaires.

HERE TO STAY

WALTER UDE
Nigeria

I was afraid twice in 2014.

I'd known fear before then, of course. Fear of the boogeyman under my bed. Fear of my father's wrath. But never had I feared losing my life simply for loving another man.

In January 2014, the Nigerian government signed into law the Same Sex Marriage (Prohibition) Act, a bill that changed my life. Breaking news made waves across the Internet, leaving ripples of both shock and elation. I remember standing in the office where I worked, gaping at my phone, swiping through one news article after another, hoping this was a very early April Fool's Day prank.

I was afraid, even though I hadn't done anything wrong. That fear would stay with me throughout the rest of the week. Every time I stepped out my door in the morning I felt naked, like my true identity was written across my forehead in scarlet letters for anyone to read and pounce with fists, sticks, and burning tires, ready to take my life. Every lingering eye of every passer-by seemed to accuse me. Every sighting of a policeman idling on the roadside sent my heart racing.

I was afraid. I knew that the small steps I'd taken on my way out of the closet could lead me to danger. But I didn't know what I'd done to deserve this fate, other than my desire to be true to myself.

The second time I was afraid in 2014 came a few weeks later once I'd regained some hope and redownloaded my dating apps. I wanted to have sex again, to look for love again. Swiping left, swiping right, chatting with boys, flirting with some, and engaging in that thrill of deciding who might end up possessing my body and heart.

Then I met him. He said hello first. I said hello back. He was good-looking, and our conversations were flirty, naughty, and romantic. He wanted us to meet as soon as possible. I was game.

But in the days that followed I kept postponing and rescheduling our first date. I had excuses. A long day at work. A migraine. Another engagement with my family. Laundry to do. Excuses, excuses, excuses. It wasn't that I had a bad feeling about him. There were no alarm bells ringing, no nagging sense of unease, no small voice warning me to stay away. I just couldn't be bothered to see him.

And then one afternoon he called. I answered bursting with apologies and promises that I'd surely make the next date. But he coolly brushed aside my words and said, "I'm suspecting that you already know."

"Already know what?" I asked, befuddled.

"That I'm not really gay. That I'm actually a policeman, and my mission on the dating site is to catch stupid homos like you and make sure you pay for your abomination."

I froze. My eyes widened with shock. My mind screamed.

"You're very lucky," he continued. "All this time you kept postponing on me. I discussed the operation with my wife, and she told me to let you be, that you weren't worth it, and finally I agreed. So count yourself lucky, young man. I would say God is watching over you, but God hates your kind. I'm crossing you off my list."

He hung up, leaving me in the throes of that fear I thought I'd forgotten, that fear that nearly crippled me a few weeks back. I had almost been "kitoed," catfished by a homophobe online.

My fear would eventually turn to anger over this undeserved pain. Anger over the helplessness I felt with this new reality. Anger at the congregation of church people who stood in their Sunday best, rejoicing over the "good" thing President Goodluck Jonathan had done for Nigeria by signing that homophobic law into effect. Rejoicing over my fear.

That anger saved me. Fear crippled me, but anger gave me purpose. Fear flailed with a despair-ridden "Why?" until anger asserted, "Now what?"

Even though we were under attack and being silenced by the prejudiced mainstream media and being assaulted and extorted in our own spaces, I somehow found hope. I wanted to give us a fighting chance.

That's why, in April 2014, I launched Kito Diaries with the declaration: "We are Queer. We are Fab. And We are Here to Stay." This online community has given me and others a space to tell our own stories, to share information about the people that mean us harm, and to strengthen our will to survive and thrive. Eight years later Kito Diaries has become the foremost media platform for reporting human rights violations against LGBTQI people in Nigeria and informing the community how to stay safe.

Kito Diaries has helped me grow in so many ways. It's made me more empathetic and more committed to advancing the freedoms and dignity we as queer people deserve and demand. It's shown me what we can achieve when we work together as a community.

Walter Ude is a writer in Lagos who advocates for the rights of LGBTQI persons. In 2014 he founded Kito Diaries, a media outlet that advances the stories of queer people, especially in Nigeria.

VENU.E.S POUR RESTER

WALTER UDE
Nigeria

En 2014, j'ai eu peur à deux reprises.

J'avais connu la peur avant ça, bien sûr. La peur du croque-mitaine sous mon lit. La peur de la colère de mon père. Mais je n'avais jamais eu peur de perdre ma vie simplement parce que j'aimais un autre homme.

En janvier 2014, le gouvernement du Nigéria a signé la loi sur le mariage entre personnes de même sexe (interdiction), une loi qui a changé ma vie. La nouvelle a fait des vagues sur Internet, laissant des ondes de choc et de réjouissance. Je me souviens être resté debout dans le bureau où je travaillais, les yeux rivés sur mon téléphone, parcourant les articles de presse les uns après les autres, en espérant qu'il s'agissait d'un poisson d'avril anticipé.

J'avais peur, même si je n'avais rien fait de mal. Cette peur allait me suivre tout le reste de la semaine. Chaque fois que je franchissais la porte de chez moi le matin, je me sentais nu, comme si ma véritable identité était inscrite sur mon front en lettres écarlates pour que n'importe qui puisse la lire et se jeter sur moi à coups de poing, des bâtons et des pneus en feu, prêt à me tuer. Le moindre regard de chaque passant.e semblait accusateur. Chaque fois que j'apercevais un.e policier.e sur le bord de la route, mon cœur palpitait.

J'avais peur. Je savais que les petits pas que j'avais faits pour sortir du placard pouvaient me mener au danger. Mais je ne savais pas ce que j'avais fait pour mériter ce destin, si ce n'est mon désir de rester fidèle à moi-même.

La deuxième fois que j'ai eu peur en 2014, c'était quelques semaines plus tard, une fois que j'avais retrouvé un peu d'espoir et que j'avais téléchargé à nouveau les applications de rencontre. Je voulais à nouveau faire l'amour, recommencer à chercher l'amour. Je swipais à gauche, à droite, je discutais avec des garçons, je draguais certains d'entre eux et je m'adonnais au plaisir de décider qui finirait par posséder mon corps et mon cœur.

Puis je l'ai rencontré. Il m'avait salué en premier. Je lui avais répondu. Il était beau et nos conversations étaient coquettes, coquines et romantiques. Il voulait qu'on se rencontre le plus vite possible. J'étais partant.

Mais dans les jours qui ont suivi, je n'ai cessé de repousser et de reprogrammer notre premier rendez-vous. J'avais des excuses. Une longue journée de travail. Une migraine. Un autre engagement avec ma famille. De la lessive à faire. Des excuses, des excuses, encore des excuses. Ce n'est pas que j'avais un mauvais pressentiment à son sujet. Il n'y avait rien d'alarmant, pas de sentiment de malaise, pas de petite voix qui me disait de me tenir à l'écart. Je ne pouvais juste pas me pousser à le rencontrer.

Et puis un après-midi, il a appelé. J'ai répondu en m'excusant et en promettant que je ne louperai sûrement pas le prochain rendez-vous. Mais il a froidement ignoré mes paroles et a dit : « Je me doute que tu sais déjà. »

- Que je sais déjà quoi ? ai-je demandé, étonné.

- Que je ne suis pas réellement gay. Que je suis policier, et que ma mission sur le site de rencontres est d'attraper des homos stupides comme toi et de vous faire payer votre nature abjecte. »

J'étais paralysé. Mes yeux se sont élargis sous le choc. Mon esprit a crié.

« Tu as beaucoup de chance » a-t-il poursuivi. « Pendant tout ce temps, tu n'as pas arrêté de repousser notre rendez-vous. J'ai discuté de l'opération avec ma femme et elle m'a dit de te laisser tranquille, que tu n'en valais pas la peine, et j'ai fini par accepter. Alors estime-toi chanceux, jeune homme. Je dirais que Dieu veille sur toi, mais il déteste les gens de ton espèce. Je te barre de ma liste. »

Il a raccroché, me laissant dans les affres de cette peur que je croyais avoir oubliée, cette peur qui avait failli me handicaper quelques semaines auparavant. Je m'étais presque fait « arrêter » par un homophobe en ligne.

Ma peur s'est finalement transformée en colère face à cette douleur que je ne méritais pas de ressentir. Colère face à l'impuissance que je ressentais face à cette nouvelle réalité. Colère contre la congrégation de gens d'église qui se tenaient dans leurs habits du dimanche, se réjouissant de la « bonne » action qu'avait faite le Président Goodluck Jonathan pour le Nigeria en signant cette loi homophobe, se réjouissant face à ma peur.

Cette colère m'a sauvé. La peur m'a affaibli, mais la colère m'a donné une raison d'être. La peur s'est battue avec un « Pourquoi ? » plein de désespoir jusqu'à ce que la colère affirme « Maintenant, quoi ? ».

Même si nous étions attaqué.e.s, réduit.e.s au silence par les principaux médias pleins de préjugés et que nous nous faisions agresser et escroquer dans nos propres espaces, j'avais trouvé de l'espoir. Je voulais nous donner la chance de combattre.

C'est pour cette raison qu'en avril 2014, j'ai lancé Kito Diaries avec la déclaration suivante : « Nous sommes Queers. Nous sommes "Fab." Et nous sommes là pour rester. » Cette communauté en ligne nous a donné, à moi et à d'autres, un espace pour raconter nos propres histoires, pour partager des informations sur les personnes qui nous font du mal, et pour renforcer notre volonté de survivre et de prospérer. Huit ans plus tard, Kito Diaries est devenu la principale plateforme médiatique de dénonciation des violations des droits humains des personnes LGBTQI au Nigeria et d'information de la communauté sur les mesures à prendre pour assurer leur sécurité.

Kito Diaries m'a aidé à grandir de plusieurs façons. Elle m'a rendu plus empathique et plus engagé dans la promotion des libertés et de la dignité que les personnes queers méritent et réclament. Elle m'a montré ce que nous pouvons accomplir lorsque nous travaillons ensemble en tant que communauté.

Walter Ude est un écrivain de Lagos qui défend les droits des personnes LGBTQI. En 2014, il a fondé Kito Diaries, une plateforme médiatique qui met en avant les histoires des personnes queers, notamment au Nigeria.

UNBOXING MY IDENTITY

BRANDON SANSOLÉ
Zimbabwe

Growing up in Bulawayo, I always played with the girls in my neighbourhood. My family didn't mind if I hung around boys or girls until my teenage years came knocking. I was now a "young man" with the expectations of my gender weighing heavily upon my barely developed shoulders.

I often wondered about gender as a kid. I thought about what it would feel like to be a woman. Would I be freer? Would I shed the expectations that came with being a man? I lived out my curiosity through make-believe games with friends. One day I'd play mom, another I'd play dad. It was all so simple; we were young, and nothing was sexualised. The elders saw us for who we were: kids.

I had dominion over the kitchen. I was a mean cook and made meals that had visitors asking, "whose future wife made this?" Our culture does not expect "young men" to excel at kitchen duties, and these positive remarks about my meals affirmed my feminine aspects. Even though I was in the shadows, I felt appreciated. I wasn't boxed. I performed duties that I ordinarily would not have been allowed to because of the organs between my legs. I knew then that I didn't subscribe to "manliness," nor did I subscribe to "womanhood." So where did that leave me?

Fun times faded into grey clouds when I started seeing changes in my friends and myself. They grew pointy things on their chests, and my voice dropped to an octave I could not comprehend. I despised these changes with a passion. Why were elders telling us to spend less time with each other? Why did we have to play in a more choreographed way now? Why were we changing? These questions echoed at the back of my mind like an old church hymn.

How I walked, how I talked, who I looked at—everything I did became a problem. I hated being policed and boxed for how I expressed myself. I became a sad kid. It wasn't fair! Why did everything suddenly have to change? I resorted to staying indoors when I was home and hiding in the library where my best friend and I could be our true selves. I got lost in books and wrote poetry to escape. That was my world, away from being moulded into what society wanted me to be.

Illustration by Chukwudi Udoye Eternal

By the time I turned 16, I was sure I was different and knew I needed to accept and embrace that. I reached for my younger self, that child who had crawled deep into a hole, and tried to save them. I started searching for explanations for what this feeling of existing in both genders could mean. I was looking for something that would say, "I am not a package, do not box me!" and discovered the word "non-binary." It felt liberating to know I could be whoever I wanted. This uniqueness became my superpower.

I started writing down all the experiences and traumas that had led to my truth. I wanted to share my stories to help others who were struggling with navigating their true identity. I also wanted to build or find a community of people like me, a family I would fit into without having to lie about my true identity. That's when I came across Trans Research Education Advocacy Training (TREAT) and other queer civil society organisations in Southern Africa.

Being surrounded by queer bodies fuelled my zeal for queer human rights advocacy. I longed to be part of a movement bigger than myself, a movement that acknowledges my existence as a Trans body, so when a position at TREAT opened up, I jumped at the opportunity.

Working with TREAT and other queer CSOs brought me into an environment I yearned for my whole life, a sanctum that feels like home. At TREAT I can be myself, unashamedly. It's allowed me to grow comfortable in my own body with a newfound family that understands and respects my they/them pronouns. I love being my queer non-binary self without having to answer questions about why I am the way I am.

Living as a queer person in Zimbabwe is still hard. My immediate family knows how I identify, and their love for me hasn't changed, but not everyone is so welcoming. We are misgendered a lot, which feels very violent, as though our existence is being invalidated, our sanity questioned, just for being who we are. Meeting other people like me in queer safe spaces is liberating.

I've always struggled with gender and identity binaries. If my thoughts can be as complex as nature itself, why can't every other aspect of my existence be? Our differences exist, not to separate us, but to help us embrace the beauty of our uniqueness.

Brandon Sansolé is a non-binary digital creative and budding entrepreneur from Bulawayo, Zimbabwe. They work with TREAT and the Out and Proud project as a communications officer and digital content developer.

DÉVOILER MON IDENTITÉ

BRANDON SANSOLÉ
Zimbabwe

J'ai grandi à Bulawayo, je jouais toujours avec les filles de mon quartier. Ma famille n'avait pas d'objection à ce que je fréquente des garçons ou des filles jusqu'à l'adolescence. J'étais maintenant un « jeune homme » avec des attentes liées à mon genre pesant lourdement sur mes épaules à peine développées.

Quand j'étais petit.e, je me posais souvent des questions sur le genre. Je me demandais comment on se sentait quand on est une femme. Serais-je plus libre ? Est-ce que je me débarrasserais des attentes liées au fait d'être un homme ? J'ai vécu ma curiosité à travers une série de jeux imaginaires avec des amis. Un jour je jouais la maman, un autre le papa. Tout était si simple. Nous étions jeunes, et rien n'était sexualisé. Les aîné.e.s nous voyaient pour ce que nous étions : des enfants.

La cuisine était mon domaine. J'étais un cuisinier hors pair et je préparais des repas qui amenaient les invités à demander « c'est la future épouse de qui la personne qui a préparé ça ? ». Notre culture ne s'attend pas à ce que les « jeunes hommes » excellent à la cuisine, et ces commentaires positifs sur les plats que je préparais ne venaient que confirmer mon côté féminin. Même si j'étais dans l'ombre, je me sentais apprécié.e. Je ne me sentais pas relégué.e dans une case quelconque. Je faisais des choses que je n'aurais normalement pas eu le droit de faire en raison des organes que j'ai entre les jambes. Je savais alors que je ne correspondais pas à l'idée de « virilité, » ni à celle de « féminité. » Alors où cela me laissait-il ?

Les moments où je me réjouissais se sont transformés en nuages gris lorsque j'ai commencé à voir des changements chez mes ami.e.s et moi-même. Des trucs pointus ont poussé sur leurs poitrines et ma voix a baissé dans des tons que je ne comprenais pas. J'ai vraiment détesté ces changements. Pourquoi les aîné.e.s nous disaient-iels de passer moins de temps ensemble ? Pourquoi devions-nous jouer d'une manière plus chorégraphiée maintenant ? Pourquoi étions-nous en train de changer ? Ces questions résonnaient dans ma tête comme un vieux chant d'église.

Comment je marchais, comment je parlais, qui je regardais — tout ce que je faisais devenait un problème. Je détestais qu'on me surveille et qu'on me recadre pour ma façon de m'exprimer. Je suis devenu.e un.e enfant triste. Ce n'était pas juste ! Pourquoi tout devait-il soudainement changer ? J'ai décidé de rester enfermé.e quand j'étais à la maison et de me cacher dans la bibliothèque où ma meilleure amie et moi pouvions être nous-mêmes. Je me perdais dans les livres et écrivais des poèmes pour pouvoir m'évader. C'était mon monde, loin de ce que la société voulait faire de moi.

À mes 16 ans, j'étais sûr.e d'être différent.e et je savais que je devais l'accepter et l'assumer. J'ai essayé de retrouver la version de moi plus jeune, l'enfant qui s'était caché.e dans un trou, et j'ai essayé de les sauver. J'ai commencé à chercher des explications sur ce que pouvait signifier ce sentiment de coexistence des deux sexes. Je cherchais quelque chose qui dirait : « Je ne suis pas un paquet, ne me casez pas dans une boîte ! » et j'ai découvert le mot « non-binaire. » C'était libérateur de savoir que je pouvais être qui je voulais. Cette singularité est devenue mon pouvoir magique.

J'ai commencé à noter toutes les expériences et tous les traumatismes qui m'avaient conduit à la vérité sur moi. Je voulais partager mes histoires pour aider d'autres personnes qui avaient du mal à trouver leur véritable identité. Je voulais aussi construire ou trouver une communauté de personnes comme moi, une famille dans laquelle je pourrais m'intégrer sans avoir à mentir sur ma véritable identité. C'est ainsi que j'ai découvert Trans Research Education Advocacy Training (TREAT) et d'autres organisations queers de la société civile en Afrique du Sud.

Être entouré.e de personnes queers a alimenté mon désir de défendre les droits humains des personnes queers. Je souhaitais faire partie d'un mouvement plus grand que moi, un mouvement qui reconnaisse mon existence en tant que personne trans, alors quand un poste est devenu vacant à TREAT, j'ai saisi l'opportunité.

En travaillant avec TREAT et d'autres OSC queers, j'ai découvert un environnement auquel j'avais aspiré toute ma vie, un refuge où je me sens chez moi. À TREAT, je peux être moi-même, sans honte. Cela m'a permis de me sentir à l'aise dans mon propre corps, avec une nouvelle famille qui comprend et respecte mes pronoms iel/iels. J'aime être moi-même, en tant que personne queer non binaire, sans avoir à répondre à des questions sur les raisons qui font que je suis ce que je suis.

C'est encore difficile d'être une personne queer au Zimbabwe. Ma famille proche sait comment je m'identifie, et leur amour pour moi n'a pas changé, mais tout le monde n'est pas aussi accueillant. Nous sommes souvent mégenré.e.s, chose que nous ressentons comme une violence, comme si notre existence était invalidée, notre santé mentale remise en question, simplement parce que nous sommes ce que nous sommes. Rencontrer d'autres personnes qui me ressemblent dans des espaces sécurisés pour les personnes queers est libérateur.

J'ai toujours eu du mal avec l'approche binaire des notions de genre et d'identité. Si mes réflexions peuvent être aussi complexes que la nature elle-même, pourquoi tous les autres aspects de mon existence ne peuvent-ils pas l'être ? Nos différences existent, non pas pour nous séparer, mais pour nous aider à apprécier à sa juste valeur la beauté de notre singularité.

Brandon Sansolé est un.e créateur.rice digitale non-binaire et entrepreneur.e émergent.e de Bulawayo, au Zimbabwe. Iel travaille avec TREAT et le projet Out and Proud en tant que responsable communication et créateur.rice de contenus digitaux.

AS A BLACK WOMANIST BISEXUAL  MOTHER OF ONE I  know there is so much more to us than our sexuality.

BEYOND THE RAINBOW

MATLHOGONOLO SAMSAM
Botswana

As a child, I always felt different but never knew why. I still don't.

I grew up in a small village called Otse, near Botswana's capital city Gaborone. I was raised by my grandmother, a widowed woman from South Africa who married a Motswana man. Old and frail as she was, my grandmother worked hard to put food on the table. She did odd jobs like washing people's laundry and cleaning their houses, and though I was glad for the necessities she could provide because of those jobs, I always felt angry about it.

I was not angry at my grandmother for doing the jobs. I was angry at life for being so cruel to her. She was an old woman with a big family to provide for. As a South African woman who married someone from Botswana, she did not have an Omang, the national identity document needed for basically every aspect of life in Botswana, so she couldn't get any help from the government. What else could she do but toil away her life?

As I watched my grandmother struggle to raise me, I dreamed of better days ahead. I envisioned a future when she wouldn't slave all day just to afford a single week's groceries, when she wouldn't collect cow dung and coal to make fire, when she could visit her family whenever she wanted. I imagined myself becoming a rich political ambassador and giving her a life of luxury, a grand payback for all her sweat and blood. Little did I know she would pass away in 2019, long before I could give her any luxuries.

In 2017 I joined the Lesbians, Gays and Bisexuals of Botswana (LEGABIBO), my country's premier LGBTIQ+ organisation, as an intern and was eventually promoted to a media advocacy and communications role. I didn't join LEGABIBO because I considered myself an activist but simply because I needed a job. I became an activist when I started witnessing first hand the stigma and discrimination queer Batswana face.

I learned of a trans woman who was publicly assaulted and humiliated on social media, not once but twice, and the police's attitude to her case was nonchalant; a lesbian who was brutally beaten by her biological parents, exorcised, and threatened with death; another young woman who was kicked

Illustration by Lame Dilotsotlhe

out of her family home in the middle of the night amidst the COVID-19 pandemic and related travel restrictions; and a trans man who was forced to share a jail cell with cisgender men.

In Botswana, people like me who do not conform to society's ideals of companionship, gender identity, and expressions are widely considered scum. We do not have the liberty to engage in national dialogue or ready access to economic and political forums to represent ourselves. Beyond being underrepresented, we worry about our personal security too.

Through LEGABIBO, I've come to realise that my childhood dream of being a political ambassador was rooted in more than a desire to make money to help my grandmother live a better life. I was born to be a voice for voiceless queer people who do not have a platform or means to promote, protect, and defend their own human rights.

Telling our unique stories as queer people can help make life less cruel for other minorities. I am not a messiah but rather a vessel who carries a message that diversity is beautiful and must be embraced, not shunned.

If we can all be just a little warmer to the next person, and the one after that, and the one after that, we can each play a part in creating safe spaces where all humans will be free to be themselves.

As a black, womanist, bisexual mother of one, I know there is so much more to us than our sexuality. We exist beyond our sexual orientations, gender identities, and sex characteristics. We are beyond the rainbow. We are brothers, sisters, mothers, lawyers, nurses, police officers, and so much more, and we all deserve dignity and equality.

Matlhogonolo Samsam is the education, awareness and communications manager for the Lesbians, Gays and Bisexuals of Botswana (LEGABIBO) and co-coordinator for the Coalition of African Lesbians' Autonomy Project, Botswana Collective.

AU-DELÀ DE L'ARC-EN-CIEL

MATLHOGONOLO SAMSAM
Botswana

Quand j'étais enfant, je me suis toujours sentie différente, mais je n'ai jamais su pourquoi. Je ne le sais toujours pas.

J'ai grandi dans un petit village appelé Otse, près de Gaborone, la capitale du Botswana. J'ai été élevée par ma grand-mère, une veuve sud-africaine qui avait épousé un homme Motswana. Aussi vieille et fragile qu'elle l'était, ma grand-mère travaillait dur pour mettre de la nourriture sur la table. Elle faisait de petits boulots comme laver le linge des gens et nettoyer leur maison, et même si j'étais heureuse du fait qu'elle pouvait satisfaire nos besoins élémentaires grâce à ces boulots, cette situation suscitait de la colère en moi.

Cette colère n'était pas dirigée contre ma grand-mère parce qu'elle faisait ces petits boulots. J'étais en colère contre la vie qui était si dure à son égard. C'était une vieille femme qui devait subvenir aux besoins d'une grande famille. En tant que femme Sud-Africaine ayant épousé un Botswanais, elle n'avait pas d'Omang, le document d'identité national nécessaire pour tous les aspects de la vie au Botswana et ne pouvait donc obtenir aucune aide du gouvernement. Que pouvait-elle faire à part galérer toute sa vie ?

Alors que je regardais ma grand-mère se débrouiller pour m'élever, je rêvais de jours meilleurs. J'imaginais un avenir où elle ne travaillerait pas toute la journée pour se payer une semaine de vivres, où elle ne ramasserait pas de la bouse de vache et du charbon pour faire du feu, un avenir où elle pourrait rendre visite à sa famille quand elle le souhaiterait. Je m'imaginais riche ambassadrice lui offrant une vie de luxe, une grande récompense pour toute sa sueur et son sang. Je n'avais pas la moindre idée qu'elle mourrait en 2019, bien avant que je puisse lui offrir le moindre confort.

En 2017, j'ai rejoint l'organisation Lesbiennes, Gays et Bisexuels du Botswana (LEGABIBO), la principale organisation LGBTIQ+ du pays, en tant que stagiaire puis ai été promue à un poste de responsable de la communication et du plaidoyer auprès des médias. Je n'ai pas rejoint LEGABIBO parce que je me considérais comme une activiste, mais simplement parce que j'avais besoin de travail. Je suis devenue activiste lorsque j'ai commencé à témoigner au sujet de la discrimination et de la stigmatisation dont sont victimes les personnes queers au Botswana.

J'ai appris qu'une femme transgenre avait été agressée et humiliée publiquement sur les réseaux sociaux, non pas une, mais deux fois, et que la police n'avait pas réagi; qu'une lesbienne avait été brutalement battue par ses parents biologiques, exorcisée et menacée de mort ; qu'une autre jeune femme avait été renvoyée de la maison familiale au milieu de la nuit en raison de la pandémie de COVID-19 et des restrictions de voyage qui en avaient découlé; et qu'un homme transgenre avait été contraint de partager une cellule de prison avec des hommes cisgenres.

Au Botswana, les personnes comme moi qui ne se conforment pas aux idéaux de la société en termes de compagnonnage, d'identités et d'expressions de genre sont souvent considérées comme des voyous. Nous n'avons pas la liberté de participer au dialogue national ou d'accéder facilement aux forums économiques et politiques pour représenter nos pairs. En plus d'être sous-représenté.e.s, nous craignons aussi pour notre sécurité personnelle.

Grâce à LEGABIBO, je me suis rendu compte que mon rêve d'enfant, de devenir ambassadrice politique, ne se résumait pas au désir de gagner de l'argent pour aider ma grand-mère à avoir une vie meilleure. Je suis née pour être la voix des personnes queers sans voix qui n'ont pas de plateforme ou de moyens pour promouvoir, protéger et défendre leurs propres droits humains.

Raconter nos histoires uniques en tant que personnes queers peut contribuer à rendre la vie moins cruelle aux autres minorités. Je ne suis pas un messie, mais plutôt un vecteur qui porte un message qui est que la diversité est une richesse et que nous devons l'accepter et non pas la rejeter.

Si nous pouvons faire preuve d'un peu plus de sympathie à l'égard de chaque personne, et à celui de la personne d'après, puis celle d'après encore, nous pourrons tou.te.s contribuer à créer des espaces sécurisés où chaque être humain sera libre d'être soi-même.

En tant que noire, féministe, bisexuelle et mère d'un enfant, je sais que nous sommes plus que les étiquettes que nous portons. Nous existons au-delà de nos orientations sexuelles, de nos identités de genre et de nos caractéristiques sexuelles. Nous existons au-delà de l'arc-en-ciel. Nous sommes des frères, des sœurs, des mères, des avocat.e.s, des infirmier.e.s, des policier.e.s et bien plus encore, et nous méritons tou.te.s la dignité et l'égalité.

Matlhogonolo Samsam est responsable de l'éducation, de la sensibilisation et de la communication pour Lesbians, Gays and Bisexuals of Botswana (LEGABIBO) et co-coordinatrice du Autonomy Project de la Coalition of African Lesbians, Botswana Collective.

A l'ombre du manguier.

UNDER THE MANGO TREE

BRICE DONALD DIBAHI
Côte d'Ivoire

"You're gay? You're as good as dead! AIDS awaits you!" Those were the words my older brother spat at me the day he and everyone found out about me and Charles. I was only 15 years old.

I grew up the "spoiled baby" of my family in Ouragahio in the southwest of Côte d'Ivoire. Mom ran a bar, so it was always festive around the house. My siblings and I all had different dads and different surnames, but we were all united.

That changed in Year 9 when I started realising I was "different." My difference was that I liked boys. I liked Charles.

On sunny afternoons in high school, while most of the boys played soccer, I'd gossip with the girls. They started teasing me with the nickname Dani, an effeminate fashion designer in the Mexican telenovela *Luna*, so more often than not I'd retreat to a corner of the school yard with only the shadow of a mango tree to keep me company.

Charles was my classmate, one of the boys who played soccer. I loved Charles. One day, I sent him a letter.

I told him that I liked his smile, his lips, his eyes. I thanked him for being nice to me and sometimes coming to my defence when other classmates bullied me or called me a sissy. I didn't have the words to tell him how much I loved him, so instead I drew two small hearts at the end of the letter. In one heart, I wrote my name. In the other, I wrote Charles.

My letter to Charles circulated around the school for three days. I told my mother I was too sick for classes. What she didn't know was that I was sick with embarrassment.

When I finally returned to school, the shade of the mango tree kept me company. I said to it: "Tell me, my friend, do you think Charles is the one who shared my letter?" Before it could answer, I heard my mother cry, "Lord! What have I done to deserve this?"

My teacher had discovered my letter to Charles and phoned my mother for a meeting.

Thereafter, I endured all sorts of spiritual deliverance rites from the Evangelical church, from the Catholic church, from I don't know which other denominations and sects. Despite all this, despite my prayers and efforts to get over him, I still loved Charles. My brother's fearmongering condemnations echoed in my head. These stereotypes, these myths, these lies are what people in Côte d'Ivoire think of homosexuality. They believe that a gay teenager, HIV-positive or not, could never continue his studies to become a doctor, an engineer, a writer, or anything he dreamed.

Challenging these stereotypes is what motivated me to move forward, despite the hostile context. I graduated from secondary school and enrolled for a finance, accounting, and business management degree at university. Mom died of a stroke soon after. Her death dragged me down, and I failed my second year. I blamed myself. Everything was happening as if the "gay curse" were real.

Eventually, I recovered and obtained my accounting diploma. I moved to Cocody, a trendy neighbourhood of Abidjan, where I started working as a restaurant cashier. I proved my big brother's predictions wrong by providing regular financial support to my siblings, nephews, and nieces. Having fought for my own independence, I decided to share my success with other queer people.

So I gathered some friends, and in 2018 we created an organisation called Gromo, a coded slang word for our local queer community. Gromo encourages LGBT people in Abidjan to plan for the future by creating income-generating activities and completing vocational training courses. We've already set up a regional employment agency and are currently developing a peer-to-peer microcredit system called AYOKA to support LGBT people.

The lesson I've learned from my journey, from the comforting shade of my childhood mango tree to the creation of Gromo, is that financial independence is essential for LGBT people's self-determination. It is the ticket to their empowerment and social acceptance.

Brice Donald Dibahi is the head of the NGO GROMO, an organisation that works to promote the rights of LGBTQI people in Côte d'Ivoire. He is based in Abidjan.

A L'OMBRE DU MANGUIER

BRICE DONALD DIBAHI
Côte d'Ivoire

« Tu es homo ? Tu es mort-fini ! Le Sida t'attend ! » Voilà les mots que mon grand-frère m'a balancés au visage le jour où tout le monde a su pour Charles et moi. J'avais seulement 15 ans.

Le « bébé gâté » de la famille, j'ai grandi à Ouragahio dans le sud-ouest de la Côte d'Ivoire. Maman était gérante de bar, alors à la maison, c'était toujours la fête. Même si nous étions de pères différents et que nous portions des noms de famille différents, notre fratrie était soudée.

Cela a changé en classe de 4ème quand j'ai commencé à prendre conscience de ma différence par rapport aux autres garçons. Ma différence à moi, c'est que j'aimais les garçons. J'aimais Charles.

Au lycée, les après-midis de chaud soleil, pendant que les garçons jouaient au football, les filles et moi nous retrouvions pour commérer. C'est ainsi qu'elles se sont mises à me taquiner en me donnant le surnom de Dani après le couturier efféminé de la telenovela mexicaine *Luna*. Or, comme je ne voulais pas qu'on m'appelle Dani, alors je finissais très souvent tout seul dans mon coin ; avec seule l'ombre de ce manguier pour me tenir compagnie.

Charles était mon camarade de classe et faisait partie des garçons qui jouaient au foot. J'étais amoureux de lui. Un jour, je lui ai envoyé une lettre.

Je lui ai dit que j'aimais son sourire, ses lèvres, ses yeux. Je l'ai remercié parce qu'il était sympa avec moi. Quelquefois, il prenait ma défense lorsque d'autres camarades me harcelaient en me traitant de femmelette. Je ne trouvais pas les mots pour lui dire à quel point je l'aimais. Du coup, j'ai dessiné deux petits cœurs à la fin de la lettre. Dans le premier cœur, j'ai inscrit mon prénom, puis dans le deuxième cœur, j'ai écrit Charles.

Pendant trois jours, ma lettre a circulé dans l'école. J'ai dit à maman que j'étais trop malade pour aller à l'école. Ce qu'elle ne savait pas, c'est que j'étais mort de honte.

Quand je suis finalement retourné à l'école, l'ombre du manguier m'a tenu compagnie. Je me suis adressé à elle : « Dis-moi, toi mon amie, penses-tu que c'est Charles qui m'a balancé ? » L'ombre du manguier n'avait même pas eu le temps de me répondre quand soudain j'ai entendu maman s'écrier : « Seigneur ! Qu'est-ce que j'ai fait pour mériter ça ? »

Mon professeur principal était tombé sur la lettre que j'avais écrite à Charles et avait téléphoné à maman pour qu'iels puissent se rencontrer.

Après cet épisode, j'ai donc subi toute sorte de rites de délivrances spirituelles : de l'église évangélique, de l'église catholique, de je ne sais plus quelle autre secte. Malgré tout cela, malgré toutes les prières, tous les efforts pour l'oublier, j'étais toujours amoureux de Charles. Les récriminations alarmistes de mon frère résonnaient dans ma tête. Ces stérérotypes, ces mythes, ces mensonges, c'est l'image que les gens se font de l'homosexualité ici en Côte d'Ivoire. Comme si un ado homo, même positif au VIH, ne pouvait pas poursuivre ses études, devenir médecin, ingénieur, écrivain et que sais-je encore.

La volonté de tordre le cou à ces préjugés, voilà ce qui m'a motivé à avancer, malgré le contexte hostile. J'ai obtenu mon Bac. À l'université, je me suis inscrit en finance, comptabilité et gestion d'entreprise. Maman est décédée d'un AVC quelque temps après. Sa mort m'a déstabilisé au point où j'ai raté ma deuxième année. Je m'en voulais. Les choses s'étaient passées comme si la malédiction homosexuelle était bel et bien réelle.

Je m'en suis finalement sorti et j'ai décroché mon diplôme de comptable. Je me suis installé à Cocody, un quartier chic d'Abidjan. J'ai commencé un boulot de caissier dans un restaurant. En apportant un appui financier régulier à ma famille, mes frères, mes sœurs, mes neveux et mes nièces, je suis parvenu à démontrer à mon grand-frère que ses prédictions à mon sujet étaient erronées. Ayant réussi à acquérir mon indépendance, j'ai décidé de partager mon expérience avec d'autres personnes queers.

C'est ainsi que j'ai réuni quelques ami.e.s avec qui nous avons créé en 2018 une organisation que nous avons appelée Gromo, un mot d'argot qui a son sens au sein de notre communauté queer locale. Gromo a pour but d'encourager les personnes LGBT d'Abidjan à se projeter dans l'avenir en créant leur propre activité génératrice de revenu ou alors en suivant une formation professionnelle.

Pour accompagner les personnes LGBT, nous avons créé un cabinet régional de placement et sommes en train de mettre en place un système de microcrédits par les pairs dénommé AYOKA.

Ce que je retiens de mon parcours, de l'ombre consolatrice du manguier de mon enfance à la création de l'association Gromo, c'est que l'autonomisation financière est indispensable pour les personnes LGBT. C'est la clef pour leur émancipation et leur acceptation sociale.

Brice Donald Dibahi dirige l'ONG GROMO qui milite en faveur des personnes LGBTQI en Côte d'Ivoire. Il habite à Abidjan.

"we are all good enough, once we realise this, no one can take it away."

FINDING MY TRUE IDENTITY

G. Q.

Ghana

I was born and raised in a typical fishing community along the coastal plains of Accra. Neighbours appreciated my sociable and jovial nature and showered me with love. At eight years old, I noticed a change in my attitude towards my female peers. The boys were just my buddies, but with girls, I started feeling something more.

By adolescence, I set out to explore my curiosity, which I hadn't yet made sense of. I wanted to understand why I was attracted only to girls and wore clothes that felt more masculine. My peers called me nicknames like "man-woman," and my family scolded me for refusing to wear clothes deemed feminine. My mother and elder sisters didn't understand why a damsel, though not one in distress, would opt for masculine clothing. I avoided their questions and quietly wondered why God made me this way.

Wearing feminine clothing made me feel uncomfortable and shy, as though I were naked, but when I wore masculine clothing and surveyed myself in the mirror, I felt comfortable, confident, and beautiful. One time my sisters coerced me to wear feminine clothing on a family outing and praised me for looking "more presentable" even though it took away my confidence. In the eyes of my siblings, I was a girl lost in the wilderness. In my mind, I was finding my true identity.

I did extensive research to put a name to how and what I was feeling and came across the term "lesbian," which translates as "supi" in Ga, the local dialect of my tribe. This research helped me understand that I wasn't alone. There were countless other same-sex loving and gender non-conforming people out there.

Lesbians in Africa often have a hard time because our families consider us "abnormal," and there are so many myths and false narratives that lead to abuse. Some people say we're bad omens or brand us as paedophiles. Others say we can't have children because we masturbate too much and that we attract spiritual husbands and wives, a component of some traditional religions that some Christians say the Bible "condemns."

Illustration by Leila Khan

My family compelled me to wear women's clothing and maintain a relationship with a boy, but that wasn't who I was. I lost my virginity at 16 because my societal background made me believe sex with a boy would make me fall in love with boys, the surest path to a successful life.

When I completed secondary school in 2017, I was interviewed by a queer organisation as part of a broader queer women's storytelling project. That moment became a turning point in my journey toward becoming an LGBTQI+ advocate. Along that journey, I found friendship and compassion, but also pain and rejection.

In May 2021 I was among 21 activists who were arrested and charged with holding an unlawful assembly to "promote homosexuality" in Ghana. The holding cells we were placed in offered only a reflection of the sun's rays. At night, flickering street lights illuminated the cells. There was no door to the bathroom, just an open space where we slept and ate. The police scorned and humiliated us daily, saying we promote abnormal acts in society. They said the women among us were "too beautiful" to be involved with such activities. Despite these hardships, I still believed that the God I serve was alive. I kept faith that everything would eventually be fine.

Three weeks later, on our fifth court appearance, we were granted bail following an appeal from our lawyers. The court found no evidence to support the accusations against us. The treatment we received after our arrest was purely hate-driven. Around this time our government proposed the "Promotion of Proper Human Sexual Rights and Ghanaian Family Values Bill," which if passed would criminalise all forms of advocacy work for gender and sexual minorities. The bill has already intensified backlash against our queer community, and I fear it will erode the gains we've made as activists to demystify false narratives about queer people.

Trauma from the arrest made me suicidal, which made me seek spiritual and psychological counselling. I felt a need to pause my advocacy work for some healing time and self-reflection. It was during this period that I met my current boss and became a gender equality / programs officer at the Interfaith Diversity Network of West Africa (IDNOWA). He continues to nurture me in these roles.

Every time I take a trip down memory lane, those traumatic moments resurface. It is my fervent hope and desire to alter false narratives about the queer community, especially about LBQT women, that keeps me going.

Although my journey has been a bumpy one, it has taught me to love and appreciate myself. We are all good enough. Once we realise this, no one can take it away.

G. Q. is a gender / programs officer at the Interfaith Diversity Network of West Africa (IDNOWA), a Ghana-based organisation that works to build bridges across all religions / faiths and change negative attitudes towards LGBTIQ people through education and advocacy.

TROUVER MON IDENTITÉ RÉELLE

G. Q.
Ghana

Je suis né.e et j'ai grandi dans une communauté de pêcheurs traditionnels des plaines côtières d'Accra. Mes voisins appréciaient ma nature sociable et gaie et me donnaient beaucoup d'amour. À l'âge de huit ans, j'ai remarqué un changement dans mon attitude envers mes camarades féminines. Les garçons étaient juste mes copains, mais avec les filles, j'ai commencé à ressentir quelque chose de plus.

Durant mon adolescence, je me suis mis à explorer ma curiosité, qui n'avait pas encore de sens pour moi. Je voulais comprendre pourquoi j'étais attiré.e uniquement par les filles et pourquoi je portais des vêtements plutôt masculins. Mes camarades m'avaient donnée des surnoms comme « homme-femme » et ma famille me réprimandait parce que je ne voulais pas porter des tenues considérées comme étant féminines. Ma mère et mes sœurs aînées ne comprenaient pas pourquoi une demoiselle, même si elle n'était pas en détresse, préférait porter des vêtements masculins. J'évitais leurs questions et me demandais en silence pourquoi Dieu m'avait ainsi faite. Quand je portais des vêtements féminins, je me sentais mal à l'aise et timide, comme si j'étais nu.e, mais lorsque je portais des vêtements masculins et que je me regardais dans le miroir, je me sentais à l'aise, confiant.e et beau.elle. Une fois, mes sœurs m'ont forcé.e à porter des vêtements féminins lors d'une sortie en famille et m'ont complimenté.e parce que j'étais « plus présentable, » même si cela me faisait perdre confiance [en moi]. Aux yeux de mes frères et sœurs, j'étais une fille perdue dans la nature. Au fond de moi, j'étais en train de découvrir ma véritable identité.

J'ai fait des recherches approfondies pour mettre un nom sur ce que je ressentais et je suis tombé.e sur le terme « lesbienne » qui se dit « supi » en Ga, le dialecte local de ma tribu. Cette recherche m'a permis de comprendre que je n'étais pas seul.e. Il existe d'innombrables autres personnes qui aiment les personnes du même sexe et qui ne sont pas conformes au genre.

Nous, les lesbiennes en Afrique rencontrons souvent des difficultés parce que nos familles nous considèrent comme étant « anormales » et qu'il y a tellement de mythes et de fausses histoires qui conduisent à des abus. Certain.e.s disent de nous que notre existence ne présagent rien de bon ou nous qualifient de pédophiles. D'autres disent que nous ne pouvons pas avoir d'enfants parce que nous nous masturbons trop et que nous attirons des maris et des femmes spirituel.le.s, une composante de certaines religions traditionnelles que « condamnerait » la Bible aux dires de certain.e.s Chrétien.ne.s

Ma famille m'obligeait à porter des vêtements de femme et à entretenir une relation avec un garçon, mais ce n'était pas moi. J'ai perdu ma virginité à 16 ans parce que la société dans laquelle je vivais m'a fait croire qu'en couchant avec un garçon, je tomberais amoureuse des garçons, ce qui est le meilleur moyen pour arriver à une vie accomplie.

Lorsque j'ai terminé mes études secondaires en 2017, j'ai été interviewé.e par une organisation queer dans le cadre d'un projet de storytelling consacré aux femmes queers. Ce moment est devenu un tournant décisif dans mon parcours de futur.e militant.e LGBTQI+. Au cours de cette expérience, j'ai connu l'amitié et l'empathie, mais aussi de la souffrance et du rejet.

Je faisais partie des 21 militant.e.s qui ont été arrêté.e.s et accusé.e.s d'avoir tenu un rassemblement illégal pour « promouvoir l'homosexualité » au Ghana en mai 2021. Les cellules de détention dans lesquelles nous étions placé.e.s n'offraient que les reflets des rayons du soleil. Le soir, des lampadaires clignotants éclairaient les cellules. Les toilettes n'avaient pas de porte, [le tout était] juste un espace ouvert où nous dormions et mangions. La police nous a méprisé.e.s et nous a humilié.e.s quotidiennement en disant que nous promouvons des comportements anormaux au sein de la société. Les policier.e.s disaient que les femmes qui faisaient partie du groupe étaient « trop belles » pour être impliquées dans de telles activités. Malgré ces épreuves, j'ai continué à croire que le Dieu que je sers était vivant. J'ai gardé la foi en me disant que tout irait finalement bien.

Trois semaines plus tard, lors de notre cinquième audience, nous avons été libéré.e.s sous caution à la suite de l'appel de nos avocats. Le tribunal n'avait trouvé aucune preuve pour étayer les accusations portées contre nous. Le traitement que nous avons reçu suite à notre arrestation était purement fondé sur la haine. À cette même époque, notre gouvernement a proposé le « projet de loi sur la promotion des droits sexuels humains et des valeurs familiales au Ghana » qui, s'il vient à être adopté, criminaliserait toutes formes de défense des minorités sexuelles et de genre. Le projet de loi a déjà intensifié les réactions hostiles à l'encontre de la communauté queer, et je crains que cela ne fragilise les progrès que nous avons réalisés en tant que militant.e.s en dénonçant les idées préconçues sur les personnes queers.

Le traumatisme de l'arrestation m'a rendu.e suicidaire ce qui m'a poussé.e à rechercher un soutien spirituel et psychologique. J'ai ressenti le besoin de mettre en suspens mon travail de plaidoyer pour pouvoir prendre du recul et pour réfléchir à moi-même. C'est au cours de cette période que j'ai rencontré mon patron actuel et que je suis devenu.e la chargée de l'égalité des sexes / des programmes au sein de l'Interfaith Diversity Network de l'Afrique de l'Ouest (IDNOWA). Mon patron continue de m'encourager dans l'exercice de ces fonctions.

Chaque fois que je fais un retour en arrière, ces moments traumatisants reviennent à la surface. C'est mon espoir et mon désir de modifier les fausses représentations de la communauté queer, et en particulier des femmes LBQT, qui me poussent à aller de l'avant. Bien que mon parcours ait été mouvementé, il m'a appris à m'aimer et à m'apprécier. Nous sommes tou. te.s suffisamment bon.ne.s. Une fois que nous l'avons compris, personne ne peut nous l'enlever.

G. Q. est chargée du genre / des programmes à l'Interfaith Diversity Network de l'Afrique de l'Ouest (IDNOWA), une organisation basée au Ghana qui œuvre à la construction de liens entre toutes les religions / croyances et au changement des attitudes négatives à l'égard des personnes LGBTIQ par le biais de l'éducation et du plaidoyer.

THE WEB OF A SOLDIER

KAYODE TIMILEYIN OLAIDE
Nigeria

I was 19 when the soldier knocked on my mother's door in Lagos asking for her gay son.

I was lying on my bed in Ijebu-Ode, where I went to school, when my phone rang. My mother's loud voice signalled trouble. Before I could ask what was wrong, she asked, "Who is Tega to you?" Silence. My heart ran a marathon to find the name. Before I could recover, she followed up with, "Timi, are you gay?" I found my voice and quickly said, "No, I'm not gay, and who is Tega?" She hung up.

I realised the dawn of a bigger problem had just broken. Earlier that day, Daniel, my mother's gay neighbour, had invited a Grindr hookup to meet him at his house. Unknown to Daniel, his hookup was a soldier pretending to be a gay man on social media. Daniel was beaten, extorted, and publicly shamed for homosexuality. When the soldier asked Daniel's sister to identify Daniel's friends, she pointed to my mother's house. I never knew Daniel as Tega, but I knew Daniel.

Growing up as a masculine-presenting queer person in Lagos in the early 2010s, most people made the heteronormative assumption that I'm straight. But now I was caught in the web of a soldier. My mother, who is a well-known pastor, was also in this. All my "preparations" for coming out on my own terms were flushed down the drain.

My phone rang. It was my mother again. "I just sent you transport fare. I want to see you in this house first thing tomorrow morning," she snapped and hung up.

My heart jumped out of my chest. Traumatic violence flashed across my mind. If this takes a dangerous turn, I wondered, would it be the end?

That night was so cold, but I didn't feel it. An inescapable fear gripped me tight as dawn approached and left me with only one option: to face my demons.

I scuttled onto the morning bus heading to Lagos from Ijebu-Ode. I was overwhelmed and kept wishing this was all a terrible dream. The jolt of the stopping bus brought me back to reality. I had two choices: stand and fight for myself or run and live forever in hiding. My resolve to fight prevailed. Flickers of hope saw me through each stage of loneliness. It never died.

I walked up to my mother's house, took a deep breath, and flung open the door. She responded to my greeting with a near grunt. I knew that the only way out of my misery would be to take control of my narrative. I dropped my bag in my room, went back to the living room, and sat across from her. I tried to explain that what had happened with the soldier had nothing to do with me. I saw the disbelief in her eyes but kept speaking. The conversation became heated. She leapt up from the sofa and rushed towards me. I thought she was going to hit me, but instead she yelled, "You want to bring shame to this family, but the God I serve won't allow you."

"Thank you," I muttered. I was relieved she didn't hit me. My whole body was shaking. I stood up, walked to my room, and dropped on my bed like a bag of rotten potatoes. I cried. Through my weeping, I could still hear her screaming about how she would never let me disgrace her.

That night, I blamed myself for not running away from school, from family, and maybe from life itself. After crying all night, I knew it was mentally unsafe for me to continue staying under her roof. When I sensed she was in her bedroom, I snuck out. In less than an hour, I was on my way back to Ijebu-Ode.

This incident happened in 2018, and since then I've heard countless cases of house break-ins, unlawful arrests, battery, and extortion of queer people by government actors. To fight this oppression, I moved back to Lagos and started Queercity Media and Production, a community-based media outlet. Our aim is to raise awareness about the violence inflicted on queer Nigerians so that no one else has to suffer the homophobia that I and so many others in our community have faced.

Kayode Timileyin Olaide is the producer and host of Queercity Podcast in Lagos, Nigeria. He is also the organiser of GLOW UP Pride in West Africa. He was featured in the 2021 HBO documentary "The Legend of the Underground."

LA TOILE D'UN SOLDAT

KAYODE TIMILEYIN OLAIDE
Nigeria

J'avais 19 ans quand le soldat a frappé à la porte de ma mère à Lagos, demandant des nouvelles de son fils gay.

J'étais allongé sur mon lit à Ijebu-Ode, où j'allais à l'école, quand mon téléphone a sonné. La voix retentissante de ma mère présageait un problème. Avant que je puisse demander ce qui n'allait pas, elle a demandé : « Qui est Tega pour toi ? » Silence. Mon cœur a lancé un marathon pour trouver le nom. Avant que je puisse m'en remettre, elle a enchaîné : « Timi, es-tu gay ? » J'ai retrouvé ma voix et j'ai rapidement répondu : « Non, je ne suis pas gay, et qui est Tega ? » Elle a raccroché.

Je me suis rendu compte qu'un plus gros problème se profilait à l'horizon. Plus tôt dans la journée, Daniel, le voisin gay de ma mère, avait invité une personne rencontrée sur Grindr à venir chez lui. À l'insu de Daniel, son contact était un soldat qui se faisait passer pour un gay sur les réseaux sociaux. Daniel avait été battu, extorqué et humilié publiquement pour son homosexualité. Lorsque le soldat a demandé à la sœur de Daniel d'identifier les amis de Daniel, elle a désigné la maison de ma mère. Je n'avais jamais su que Daniel s'appelait Tega, Daniel était le prénom que je lui connaissais.

J'ai grandi à Lagos au début des années 2010 en tant que personne queer à l'apparence masculine, et la plupart des gens supposaient que j'étais hétérosexuel. Mais maintenant, j'étais pris dans les filets d'un soldat. Ma mère, qui est une pasteure bien connue, était aussi impliquée dans cette affaire. Tous mes « préparatifs » pour faire mon coming out selon mes propres termes ont été mis aux oubliettes.

Mon téléphone a sonné. C'était encore ma mère. « Je viens de t'envoyer de l'argent pour le transport. Je veux te voir dans cette maison à la première heure demain matin, » a-t-elle dit et elle a raccroché.

Mon cœur a sauté hors de ma poitrine. Une violence traumatisante a défilé dans mon esprit. Si cela venait à prendre une tournure dangereuse, me suis-je demandé, serait-ce la fin ?

Il avait fait si froid, cette nuit-là, mais je n'en avais rien ressenti Une peur incontournable m'a saisi à l'approche de l'aube et ne m'a laissé qu'une seule option : confronter mes démons.

Je me suis précipité dans le bus du matin en direction de Lagos depuis Ijebu-Ode. J'étais accablé et espérais que tout cela n'était qu'un horrible cauchemar. Les vibrations du bus qui s'était arrêté m'ont ramené à la réalité. J'avais deux choix : me lever et me battre pour moi ou fuir et vivre à jamais dans l'ombre. Ma détermination à combattre l'a emporté. Des lueurs d'espoir m'ont permis de traverser chaque étape de la solitude. Cet espoir ne s'est jamais éteint.

J'ai marché jusqu'à la maison de ma mère, j'ai respiré profondément et j'ai ouvert la porte. Elle a répondu à mon salut en émettant un faible son. Je savais que la seule façon de sortir de ma misère serait de prendre le contrôle de mon récit. J'ai déposé mon sac dans ma chambre, suis retourné dans le salon et me suis assis en face d'elle. J'ai essayé d'expliquer que ce qui s'était passé avec le soldat n'avait rien à voir avec moi. J'ai vu la méfiance dans ses yeux mais j'ai continué à parler. La conversation s'est intensifiée. Elle s'est levée d'un bond du canapé et s'est précipitée vers moi. Je pensais qu'elle allait me frapper, mais au lieu de cela, elle a crié : « Tu veux faire honte à cette famille, mais le Dieu que je sers ne te le permettra pas. »

« Merci, » j'ai marmonné. J'étais soulagé qu'elle ne m'ait pas frappé. Tout mon corps tremblait. Je me suis levé, j'ai marché jusqu'à ma chambre, et je me suis effondré sur mon lit comme un sac de pommes de terre pourries. J'ai pleuré. Dans mes pleurs, je pouvais encore l'entendre crier qu'elle ne me laisserait jamais la déshonorer.

Cette nuit-là, je me suis reproché de ne pas avoir fui l'école, quitté la famille et peut-être même mis fin à ma vie. Après avoir pleuré toute la nuit, je savais que c'était mentalement dangereux pour moi de continuer à rester sous son toit. Alors que je la sentais encore dans sa chambre, je me suis enfui. En moins d'une heure, j'étais sur le chemin du retour à Ijebu-Ode.

Cet incident s'est produit en 2018, et depuis, j'ai entendu parler d'innombrables cas d'effractions de maisons, d'arrestations illégales, de coups et blessures et d'extorsion de personnes queers par des agents du gouvernement. Pour lutter contre cette oppression, je suis retourné à Lagos et j'ai créé Queercity Media and Production, un média communautaire. Notre objectif est de sensibiliser le public à la violence exercée sur les personnes queers du Nigeria, afin que personne d'autre n'ait à subir l'homophobie à laquelle j'ai été confronté, ainsi que tant d'autres membres de notre communauté.

Kayode Timileyin Olaide est producteur et animateur de Queercity Podcast à Lagos, au Nigeria. Il est également l'organisateur de la GLOW UP Pride en Afrique de l'Ouest. Il a été présenté dans le documentaire de 2021 de HBO « The Legend of the Underground. »

Mercy Thokozane Minah

"MWANAYI?"

KWAME TENDAI
Zimbabwe

I was born into a middle class, single-parent home in Harare. My eldest sister gave me the name Tendai, and it stuck. In Zimbabwe, Tendai is a popular unisex name. Early on I grew accustomed to hearing "Mwanayi?" (Shona for "What sex is the child?"). "Mukomana" ("It's a boy"), my mother would always reply.

I learned from these interactions that one should be either a boy or a girl, never both, but I was destined to take the path less travelled. It's cruel that a tiny detail like gender should consume so much of our time and energy. Looking back, I now know that who I am was ingrained long before I was born.

When my mother was 13, she ran away from home. This set into motion a series of events that would colour my perception of the world and shape my core values. As a kid, I also played with the idea of running away, but was too cowardly to leave the comforts of home. So I appreciate how bleak the situation must have been for my mother to leave at such a young age. She left no note and said no goodbyes. She didn't wish to be found or intend to return. Yet my mother did return to Harare at 22, not to live in her mother's house but to establish her own independence as a strong black woman. For all this, she will forever be my role model.

I attended mixed-gender schools from kindergarten to high school. Growing up in an all-female household, the social aspects of school taught me how boys "should" behave. As a soft and androgynous kid, I was a target for bullies. With each dust-up my mother would come to the rescue. The beatings tapered off by about third grade, but the verbal bullying grew worse until I realised I had to do something about it.

To make up for my lack of physical strength, I befriended the biggest boy in our class. In exchange for his protection, I helped him get good grades.

Illustration by Mercy Thokozane Minah

This bit of social engineering saw me through my education in Zimbabwe and saved me from the homophobic school environment. At 19, I left Zimbabwe to attend university in the Eastern Cape of South Africa.

University was my sexual awakening after a frustrating closeted life back home. When I left Zimbabwe, I knew I liked boys, but I didn't know what that would mean for my life ahead. Well-intentioned family members had warned me not to "stray from the path" in "liberal" South Africa, but I had no idea how truly liberal it would be. At university, I was surprised to find openly gay men on campus. No one seemed to bother them, though some people still called them names behind their backs. I avoided these gay men at all costs, lest I be labelled as one of them. I wasn't "that kind of gay," I thought to myself. Internalised homophobia is a complicated beast to slay.

In 2008, aged 21, I discovered the instant messaging platform MXit and started exploring my gay identity in the digital space. Johannesburg is where I first stepped out of the closet. There was something about the city's fast-paced freedom and anonymity that made me feel like I could be anyone. I could be myself. Each time I went back to university after a semester break, I was a little bit more flamboyant, a little bit more comfortable with myself. People noticed. I would disappear into the library most evenings to read up on gay literature. I came out to a close friend in 2009 who did me a solid by telling everyone so I didn't have to. A year later, I had my very first boyfriend.

By 2011 I was living in a gay bubble at the heart of Johannesburg's gay scene. My queer advocacy work started when I was offered an internship by the late Joel Nana at African Men for Sexual Health and Rights (AMSHeR), one of the largest queer organisations in Africa. Joel convinced me that I could be useful at AMSHeR while I continued to search for a job in IT.

Soon after I started the internship, news broke about the gruesome murder of Ugandan LGBTI activist David Kato, who was slain in his home soon after a local magazine called for his execution. I didn't know David, but his murder left me shell-shocked and angry. At that moment, human rights work became deeply personal. I couldn't walk away. I finally understood what had driven my mother to spend her teen years aiding in the struggle for Zimbabwe's liberation from Britain after witnessing the car-bomb assassination of freedom fighter Herbert Chitepo.

Seeing pictures of David Kato's home painted red with his blood, I shed all the ideas and prospects I had for a career in IT, and dedicated my talents to this struggle for LGBTI equality. David Kato was my Herbert Chitepo. Faced with injustice, I dedicated myself to working with others to end such senseless hatred and violence.

Kwame Tendai is the media and communications officer at The Other Foundation. He has helped shape communications and advocacy strategies for prominent regional human rights organisations, including African Men for Sexual Health and Rights (AMSHeR).

« MWANAYI ? »

KWAME TENDAI
Zimbabwe

Je suis né dans une famille monoparentale de classe moyenne à Harare. Ma sœur aînée m'a donné le nom de Tendai, et ça a collé. Au Zimbabwe, Tendai est un prénom mixte populaire. Tôt, j'ai été habitué à entendre « Mwanayi ? » (« Quel est le sexe de l'enfant ? » en shona). Ce à quoi ma mère répondait toujours « Mukomana » (« C'est un garçon. »).

Ces interactions m'ont appris qu'on devait soit être un garçon, soit une fille, mais jamais les deux. Mais j'étais destiné à emprunter le chemin le moins pratiqué. C'est terrible qu'on consacre autant de temps et d'énergie à un détail aussi petit que le genre. Avec le temps, je sais maintenant que ce que je suis était ancré en moi bien avant ma naissance.

Ma mère avait fugué quand elle avait 13 ans. Cela avait déclenché une série d'événements qui allaient colorer ma perception du monde et façonner mes valeurs fondamentales. Petit, je me suis imaginé faire une fugue, mais n'étais pas assez courageux pour renoncer au confort de la maison. Je me rends compte donc à quel point la situation de ma mère avait dû être difficile au point de la pousser à quitter le domicile familial à un si jeune âge. Elle n'avait laissé aucune note et n'avait fait aucun adieu. Elle ne souhaitait pas être retrouvée et n'avait pas l'intention de revenir. Pourtant, ma mère est retournée à Harare à l'âge de 22 ans, non pas pour vivre dans la maison de sa mère, mais pour y établir sa propre indépendance en tant que femme noire et forte. Pour tout cela, elle restera à jamais mon modèle.

J'ai été dans des écoles mixtes de la maternelle au lycée. En grandissant dans une maison constituée exclusivement de femmes, les dynamiques sociales de l'école m'ont appris comment les garçons « étaient censés se comporter. » Enfant doux et androgyne, j'étais la cible des harceleurs. À chaque bagarre, ma mère venait à la rescousse. Les attaques se sont calmées vers la fin de l'école primaire, mais le harcèlement verbal a empiré jusqu'à ce que je me rende compte qu'il fallait que je réagisse.

Pour pallier mon manque de force physique, je me suis associé au garçon le plus costaud de la classe. En échange de sa protection, je l'aidais à obtenir de meilleures notes. Ce petit contrat social m'a permis de terminer mes études au Zimbabwe et m'a sauvé d'un environnement scolaire homophobe. À 19 ans, j'ai quitté le Zimbabwe pour poursuivre mes études à l'université dans la province du Cap-Oriental en Afrique du Sud.

Cette période universitaire a été celle de mon éveil sexuel après une vie de frustrations passée à dissimuler qui j'étais [réellement] à la maison. Quand j'ai quitté le Zimbabwe, je savais que j'aimais les garçons, mais je ne savais pas ce que cela signifiait pour mon futur. Des membres de la famille, animés de bonnes intentions, m'avaient prévenu que je devais rester dans le droit chemin quand je serais en Afrique du Sud, qu'ils qualifiaient de « libérale, » mais je ne savais pas à quel point ce pays était réellement libéral. À l'université, j'ai été surpris de découvrir qu'il y avait des hommes ouvertement gays sur le campus. Personne ne semblait les déranger, même si certaines personnes les insultaient dans leur dos. J'évitais à tout prix ces hommes gays de peur d'être étiqueté comme étant l'un d'entre eux. Je ne suis pas « ce genre de gay, » me disais-je. L'homophobie intériorisée est une bête compliquée à abattre.

En 2008, à 21 ans, j'ai découvert la plateforme de messagerie instantanée MXit et j'ai commencé à explorer mon identité gay sur Internet. Je suis sorti de ma coquille pour la première fois à Johannesburg. Il y avait quelque chose dans la liberté et l'anonymat de cette ville au rythme effréné qui me donnait le sentiment que je pouvais être n'importe qui, que je pouvais être moi-même. À chaque fois que je revenais à l'université après des congés, j'étais un peu plus flamboyant, un peu plus à l'aise avec moi-même. Les gens l'ont remarqué. Je disparaissais à la bibliothèque presque tous les soirs pour lire de la littérature gay. En 2009, j'ai fait mon coming out à un ami proche qui m'a rendu service en le faisant savoir à tout le monde plutôt que de me laisser le faire moi-même. Un an plus tard, j'avais mon tout premier petit ami.

En 2011, je vivais dans une bulle gay au cœur de la scène gay de Johannesburg. Mon travail de plaidoyer queer a commencé lorsque le regretté Joel Nana m'a proposé un stage à l'African Men for Sexual Health and Rights (AMSHeR), l'une des plus grandes organisations queer en Afrique. Joel m'a convaincu que je pouvais être utile à l'AMSHeR tout en continuant à chercher un emploi dans le domaine de l'informatique.

Peu après le début de mon stage, on a appris l'horrible assassinat du militant LGBTI ougandais David Kato, qui avait été tué chez lui peu après qu'un magazine local a réclamé son exécution. Je ne connaissais pas David, mais son meurtre m'avait choqué et mis en colère. À ce moment-là, la lutte pour les droits humains est devenue une affaire personnelle. Je ne pouvais pas abandonner. J'ai fini par comprendre ce qui avait poussé ma mère à passer son adolescence à oeuvrer à la lutte pour la libération du Zimbabwe de la Grande-Bretagne après avoir été témoin de l'assassinat à la voiture piégée du combattant de la liberté Herbert Chitepo.

En voyant les photos de la maison de David Kato peinte en rouge avec son sang, j'ai abandonné toutes les idées et perspectives que j'avais de poursuivre une carrière en informatique, et j'ai consacré mes efforts à cette lutte pour l'égalité des personnes LGBTI. David Kato était mon Herbert Chitepo. Face à l'injustice, je me suis consacré à travailler avec d'autres pour mettre fin à cette haine et cette violence insensées.

Kwame Tendai est chargé des médias et de la communication à The Other Foundation. Il a contribué à l'élaboration de stratégies de communication et de plaidoyer pour d'importantes organisations régionales de défense des droits humains, dont l'African Men for Sexual Health and Rights (AMSHeR).

WE ARE NOT ALONE

WANJIKU "SHAKES" NJENGA
Kenya

I was always proud of my tomboy looks because they resembled my father's style. Whenever we played the childhood game "cha baba cha mama," I always wanted to be the "baba," the father. No one around me seemed to care, but deep down I knew I was different.

In my mixed-gender primary school, it was clear who the boys and the girls were and where to direct any romantic interest. Graduating to an all-girls boarding high school in 2010 brought waves of excitement, nervousness, and curiosity.

I never wore skirts or dresses growing up, so I had to make this new school uniform work for me. I folded up the sleeves of my blazers, untucked my shirt, and knotted my tie short. Sunday was my favourite day because we were allowed to wear trousers instead of skirts. With my "androgynous" look came a lot of attention from the other girls. I loved it. They swooned over me.

Eventually I started a relationship with one of my classmates, *Zaha. Between long gazes and flirting we exchanged notes and helped each other study for assignments. We were young and new to this. We didn't even know what to call our relationship. Lesbianism sounded demonic. I had seen pastors try to exorcise lesbianism from congregants, so I disliked the word. We settled for calling ourselves best friends.

I had never experienced this type of closeness with a female friend before, yet it felt so familiar. She was easy to talk to, and her hugs were the best. I didn't understand why I had to hide how I felt while fellow students showed off letters from their boyfriends.

But then 2012 rolled around and I turned 16. It felt like a cursed year. One day I was summoned to the principal's office. My dad was there and avoided my eyes as the principal read my expulsion letter aloud. The letter claimed I "paraded myself as a man" and "tried to recruit students into lesbianism."

Illustration by Elliot Jaudz Oliver

I wanted to try to explain, but I couldn't find the words. All I did was cry. My dad's face was crumpled and sweaty. Both Zaha and I were expelled. When I arrived home, my mother welcomed me with, "Umekuja nyumbani?" meaning "So, you are home?" The scowl on her face seemed permanent.

My mother made me hide from neighbours so they wouldn't wonder why I was home. I started spending hours at the library, returning home late. One night, I was restless and couldn't sleep. I overheard my father say, "Mimi nimeosha mikono na huyo mtoto" meaning "She is not my daughter anymore. I have washed my hands of that child." I cried when I heard those words, but I wasn't surprised.

After three months I left home for a faraway rural high school and qualified for university. I thought university would set me free, but I struggled to find other queer people. One day I joined a queer dating app hoping to make queer friends. I matched with LEHA (Lesbian, Bisexual, Queer and Gender Non-conforming Education Health and Advocacy), a queer organisation that was using the platform to attract members. They invited me to a meeting. Once there, I was in disbelief. I had never seen so many queer people. I was so overwhelmed that I didn't attend another meeting for six months. When I eventually returned, I knew I was home. I knew I must stay. I became a LEHA peer educator and started leading community dialogues.

The peer sessions amazed me. We were all so different, yet so alike. We all seemed to share the same stories, and I wanted to share our stories with the world. After two years as a volunteer, I joined LEHA as a content creator and communication officer.

Every time a member of the LGBTIQ community sends LEHA a direct message on social media saying something like "that post you shared resonated so much. Thank you for seeing me," I am filled with joy for my work. I want to create content for young people like me to see and know that there is a community out there for them. I want young queer people to know they are not alone.

Wanjiku "Shakes" Njenga is a peer educator, paralegal, and a communication person for LEHA (Lesbian, Bisexual, Queer and Gender Non-conforming Education Health and Advocacy) organisation in Thika, Kenya.

NOUS NE SOMMES PAS SEUL.E.S

WANJIKU « SHAKES » NJENGA
Kenya

J'ai toujours été fière de mon look de garçon manqué car c'était un look similaire à celui de mon père. Chaque fois que nous jouions au jeu de l'enfance « cha baba cha mama, » je voulais toujours être le « baba », le père. Personne ne semblait s'en soucier autour de moi, mais au fond de moi, je savais que j'étais différente.

À l'école primaire mixte où j'étais scolarisé, c'était facile de distinguer les garçons des filles et donc évident de savoir vers qui diriger son affection. L'entrée dans un internat de filles en 2010 a suscité des vagues d'excitation, de nervosité et de curiosité.

Je n'avais jamais porté de jupes ni de robes quand j'étais enfant, alors je devais m'accommoder de ce nouvel uniforme scolaire. Je retroussais les manches de mes blazers, sortais ma chemise de la jupe et raccourcissait ma cravate. Le dimanche était mon jour préféré car nous avions le droit de porter des pantalons au lieu des jupes. Mon look « androgyne » attirait l'attention des autres filles. J'adorais ça. Elles tombaient sous mon charme.

J'ai fini par entamer une relation avec une de mes camarades de classe, *Zaha. Entre les regards soutenus et le flirt, nous échangions des mots et nous nous aidions mutuellement à faire nos devoirs. Nous étions jeunes et découvrions tout cela. Nous ne savions même pas comment définir notre relation. Le lesbianisme semblait diabolique. Et comme j'avais vu des prêtres essayer d'exorciser des fidèles de leur lesbianisme, je n'aimais pas ce mot. Nous nous contentions d'être la meilleure amie l'une de l'autre.

Je n'avais jamais connu ce type de proximité avec une amie fille auparavant, mais cela me semblait si naturel. C'était facile de lui parler, et ses câlins étaient les meilleurs. Je ne comprenais pas pourquoi je devais cacher ce que je ressentais alors que les autres élèves faisaient leur maligne avec les lettres de leurs petits copains.

Puis 2012 est arrivé et j'ai eu 16 ans. C'était comme une année maudite. Un jour, j'ai été convoquée dans le bureau du proviseur. Mon père était là et m'évitait du regard tandis que le principal lisait à haute voix ma lettre de renvoi. La lettre disait que je me faisais « passer pour un homme » et que j'avais « essayé de convertir des élèves au lesbianisme. »

Je voulais essayer de m'expliquer, mais je n'arrivais pas à trouver les mots. Tout ce que j'ai fait, c'est pleurer. Le visage de mon père était froncé et en sueur. Zaha et moi avons été expulsées. Quand je suis arrivée à la maison, ma mère m'a accueillie avec « Umekuja nyumbani ? » ce qui signifie « Alors, tu es rentrée ? ». Sa mine renfrognée semblait figée.

Ma mère me cachait des voisins pour qu'iels ne se demandent pas pourquoi j'étais à la maison. J'ai commencé à passer des heures à la bibliothèque, rentrant tard à la maison. Au cours d'une nuit agitée durant laquelle je n'arrivais pas à fermer l'œil, j'ai entendu mon père dire : « Mimi nimeosha mikono na huyo mtoto, » ce qui signifie « Elle n'est plus ma fille. Je m'en suis lavé les mains. » J'ai pleuré en entendant ces mots, mais cela ne m'avait pas surpris.

Trois mois plus tard, je suis partie loin dans un lycée rural et j'ai pu passer à l'université. Je pensais que l'université me libérerait, mais j'ai eu du mal à trouver d'autres personnes queers. Un jour, je me suis inscrite sur une application de rencontres queers en espérant me faire des ami.e.s queers. J'ai eu l'occasion de contacter LEHA (Lesbian, Bisexual, Queer and Gender Non-conforming Education Health and Advocacy), une organisation queer qui utilisait la plateforme pour attirer de nouveaux membres. Ils m'ont invitée à une réunion. Une fois sur place, j'ai été stupéfaite. Je n'avais jamais rencontré autant de personnes queers. J'étais tellement bouleversée qu'il m'a fallu six mois pour pouvoir assister à nouveau à une de leurs réunions. Lorsque j'y suis finalement retournée, j'ai su que j'étais chez moi. Je savais que je devais y rester. Je suis devenue pair-éducatrice pour les autres membres de LEHA et j'ai commencé à animer des débats communautaires.

Les sessions avec les membres m'émerveillaient. Nous étions tou.te.s à la fois très différent.e.s et très semblables. Nous semblions tou.te.s partager les mêmes histoires et je voulais partager ces histoires avec le monde entier. Après deux ans de bénévolat, j'ai intégré LEHA en tant que créatrice de contenu et chargée de communication.

Chaque fois que quelqu'un de la communauté LGBTIQ envoie un message en privé à LEHA sur les réseaux sociaux disant quelque chose comme « cette publication que vous avez partagée m'a beaucoup touché.e. » Merci de m'avoir accueillie, mon travail me comble de joie. Je veux créer du contenu pour que des jeunes comme moi puissent voir et savoir qu'il existe une communauté pour elleux. Je veux que de jeunes queers sachent qu'iels ne sont pas seul.e.s.

Wanjiku « Shakes » Njenga est pair-éducatrice, parajuriste et chargée de communication de l'organisation LEHA (Lesbian, Bisexual, Queer and Gender Non-conforming Education Health and Advocacy) à Thika, au Kenya.

MY RESILIENCE, MY STRENGTH

JANVIER BANANEZA
Rwanda

As a boy from a Catholic family, I attended Mass with my father every Sunday. I loved traditional dancing and would perform with the girls during church services. The priest's vestments were always beautiful, and the music was marvellously uplifting.

I was a jovial and obedient kid, but my toxic family environment made me vulnerable. My father abused my mother, and neither of my parents gave me love or care. I was five years old when Mum dumped me with my merciless father. She tied my younger brother on her back with a piece of fabric and walked away. I was left to carry the cross. My dad would beat me almost every night for no reason, and he hurt me emotionally too. These night-time attacks struck terror in my heart, leaving me an insomniac.

My pre-adolescence saw mounting political tensions between Hutus and Tutsis, the two main ethnic groups in Rwanda, which later culminated in the 1994 genocide. Hundreds of thousands of innocent people from all ages and social classes lost their lives because of hatred and discrimination on the grounds of ethnicity. The combination of genocide, civil war, and massive refugee exodus left Rwanda a shattered and traumatised country. I lost relatives, neighbours, childhood friends, and my dad. My brother and mother survived the genocide, but it left them traumatised. I was happy to have them back in my life, but my happiness was short-lived; my mother turned out to be more abusive than my father.

Every day I faced discrimination on the grounds of my mixed ethnicity and sexual orientation. I was a half-Tutsi, half-Hutu, effeminate child with no protector. My schoolmates and neighbours hurled insults at me. I endured racial, emotional, and physical abuse both at school and at home. This was in the aftermath of genocide, and no one cared. People were still dying in Rwanda, others were disappearing, and genocide survivors were hungry for revenge.

I realised that I was attracted to other boys near the end of primary school. It brought a mix of fear and confusion. I had never heard the word "gay" before and never knew anyone who expressed similar feelings. My schoolmates bullied me and called me "cyabakobwa," a Kinyarwanda word commonly used to insult effeminate men. In secondary school I noticed that some schoolmates were attracted to me, but I repressed my sexual feelings because I was an "exemplary Christian student." The pressure was overwhelming.

For five years I tried to suppress my teenage sexual desires, but my fellow students kept gossiping about me being attracted to other boys. If the rumours were proven true, I could have been expelled from my Catholic high school. I tried desperately to appear and present as more masculine. I learned to control my voice and mannerisms to meet society's expectations of manliness. As I grew up, my feelings grew up with me, and I knew I couldn't repress my love and attraction towards men forever.

I was a brilliant student at university, and female students started asking me to help them with their coursework. They expressed their love for me, and when I turned them down, their love turned to hatred. They started suspecting my sexuality and gossiping about me. I was subjected to extreme harassment, stigma, and discrimination. Despite my wounded heart, I was able to successfully finish my studies with a first-class degree.

Fortunately, these dark days had a silver lining. My story spread across campus, and other queer folks rushed to save me from my loneliness. I was impressed by how proud and fearless they were. I was tired of being in the closet and ready to be true to my feelings. The warmth and closeness I experienced with my new queer community inspired me to live authentically.

That's when I came up with the idea to host regular meetings of queer friends at my place to share our daily experiences. Bright Future Organization Rwanda (BFO-Rwanda), of which I am the executive director today, was thus born.

In April 2021 my landlord connived with local administrative authorities and state investigators to have me arrested. He had been secretly watching me and my guests for months and reported that he suspected I was gay. I was detained in a Kigali police station for three weeks until the court released me because homosexuality is not a crime in Rwanda. When I got home, I was forcibly evicted.

Despite the hatred and homophobia I've endured, I will not stop fighting until queer people are treated equally. As a queer activist and victim of discrimination, I plan to spend the rest of my life striving to make my country and Africa a better place for queer people. All the challenges I've endured have prepared me for this fight. My resilience gives me strength to be who I am and keep fighting for our right to equality.

Janvier Bananeza is a Rwandan LGBTIQ+ rights activist. He is the executive director and co-founder of Bright Future Organization Rwanda, which strives to advance the rights of LGBTIQ+ persons in Rwanda.

MA RÉSISTANCE, MA FORCE

JANVIER BANANEZA
Rwanda

En tant que garçon issu d'une famille catholique, j'allais à la messe avec mon père tous les dimanches. J'adorais la danse traditionnelle et je participais à des spectacles avec les filles pendant les cérémonies religieuses. Les vêtements du prêtre étaient toujours magnifiques et la musique était merveilleusement exaltante.

J'étais un enfant jovial et obéissant, mais mon environnement familial toxique me rendait vulnérable. Mon père maltraitait ma mère et aucun des deux ne me témoignait ni amour ni attention. J'avais cinq ans lorsque ma mère m'a abandonnée avec mon père qui était sans pitié. Elle a attaché mon petit frère sur son dos avec un morceau de tissu et est partie. C'est moi qui ai dû porter la croix. Mon père me battait presque tous les soirs sans raison et me maltraitait émotionnellement aussi. Ces attaques, qui avaient lieu la nuit, me terrorisaient, faisant de moi un insomniaque.

Ma préadolescence a été marquée par des tensions politiques accrues entre les Hutus et les Tutsis, les deux principaux groupes ethniques du Rwanda, qui ont ensuite abouti au génocide de 1994. Des centaines de milliers d'innocents de tous les âges et de toutes les classes sociales ont perdu la vie à cause de la haine et de la discrimination fondées sur l'appartenance ethnique. La succession du génocide, de la guerre civile et de l'exode massif des réfugiés a fait du Rwanda un pays brisé et traumatisé. J'ai perdu des proches, des voisins, des amis d'enfance et mon père. Ma mère et mon frère ont survécu au génocide, mais iels en sont resté.e.s traumatisés. J'étais heureux de pouvoir les retrouver, mais mon bonheur a été de courte durée. Ma mère était plus agressive que mon père.

Tous les jours, j'étais victime de discrimination en raison de mon origine ethnique mixte et de mon orientation sexuelle. J'étais un enfant moitié-Tutsi, moitié-Hutu, efféminé et sans personne pour me protéger. Mes camarades de classe et mes voisins m'insultaient. Je subissais des violences raciales, émotionnelles et physiques à l'école et à la maison. C'était à la suite du génocide et personne ne se souciait de ce qui m'arrivait. Des gens mouraient encore au Rwanda, d'autres disparaissaient et les survivant.e.s du génocide étaient assoiffé.e.s de vengeance.

J'ai pris conscience de mon attirance pour d'autres garçons vers la fin de l'école primaire. Cela a suscité en moi un sentiment de peur et de confusion. Je n'avais jamais entendu le mot « gay » auparavant et je ne connaissais personne qui avait fait part de sentiments similaires. Mes camarades de classe me harcelaient et m'appelaient « cyabakobwa, » un mot de la langue kinyarwanda fréquemment utilisé pour insulter les hommes efféminés. Au lycée, j'avais remarqué que certains camarades étaient attirés par moi, mais j'ai étouffé mes pulsions sexuelles parce que j'étais un « étudiant chrétien modèle. » La pression était insupportable.

Pendant cinq ans, j'ai essayé de refouler mes envies sexuelles d'adolescent, mais mes camarades de classe ne cessaient de commérer sur le fait que j'étais attiré par d'autres garçons. Si ces rumeurs s'avéraient, j'aurais pu être renvoyé de mon lycée catholique. J'essayais désespérément de paraître plus masculine. J'ai appris à contrôler ma voix et mes manières pour satisfaire aux normes sociétales de virilité. En grandissant, mes émotions ont grandi avec moi, et j'ai su que je ne pourrais pas éternellement refouler mon affection et mon attirance envers les hommes.

J'étais un étudiant remarquable à l'université, et des étudiantes ont commencé à me demander de les aider avec leur travail académique. Elles me faisaient part de leur amour pour moi, et lorsque je déclinais leurs avances, leur amour se transformait en haine. Elles commençaient à soupçonner mon orientation sexuelle et à colporter des rumeurs sur moi. J'ai été victime d'un harcèlement, de stigmatisation et de discrimination extrêmes. Malgré ces blessures, j'ai réussi à terminer mes études et à obtenir mon diplôme.

Heureusement, à quelque chose malheur est bon. Au cours de cette période sombre, mon histoire s'est répandue sur le campus, et d'autres personnes queers se sont précipité.e.s pour me sauver de la solitude. J'ai été impressionné par leur fierté et leur courage. J'en avais assez d'être dans le placard et j'étais prêt à assumer ce que je ressentais. La cordialité et la proximité que j'ai ressenties avec ma nouvelle communauté queer m'ont inspiré à vivre de façon authentique.

De là est venue l'idée d'organiser des réunions régulières d'ami.e.s queers chez moi pour partager nos expériences quotidiennes. C'est ainsi qu'est née la Bright Future Organization Rwanda (BFO-Rwanda), dont je suis actuellement le directeur exécutif.

En avril 2021, mon bailleur a collaboré avec les autorités administratives locales et les enquêteur.rice.s mandaté.e.s par l'État pour m'arrêter. Il m'avait secrètement observé, ainsi que mes invités, pendant des mois et m'a dénoncé, disant qu'il me soupçonnait d'être gay. J'ai été détenu dans un poste de police à Kigali pendant trois semaines jusqu'à ce que le tribunal me libère puisque l'homosexualité n'est pas un crime au Rwanda. Lorsque je suis rentré chez moi, j'ai été expulsé de force.

Malgré la haine et l'homophobie que j'ai subies, je continuerai à lutter jusqu'à ce que les personnes queers soient traitées de façon équitable. Activiste queer et victime de discrimination, je compte consacrer le reste de ma vie à faire de mon pays et de l'Afrique un endroit meilleur pour les personnes queers. Tous les défis que j'ai dû relever m'ont préparé à ce combat. Ma résilience me donne la force d'être qui je suis et de continuer à lutter pour notre droit à l'égalité.

Janvier Bananeza est un activiste rwandais qui milite pour les droits des personnes LGBTIQ+. C'est le directeur exécutif et le cofondateur de Bright Future Organization Rwanda, qui œuvre pour la promotion des droits des personnes LGBTIQ+ au Rwanda.

RAINBOW HALO

"LEKAN" OLAMILEKAN OLAJUBU ELIJAH
Nigeria

In 2015, newly graduated from high school, I Googled "where to meet men who like men in Nigeria." The top results were all tragic stories of innocent lovers who were lynched, leaked sex tapes of Nigerian celebrities, and reports about older men involved in paedophilia. I kept searching and filtering page after page, trying to find my community.

Eventually I discovered an app called 2go, which hosted chatrooms where queer people could interact. I was elated to find people like me. I wondered how our discussions would go, and if group members would recognise me if they saw me on the street.

2go is where I first chatted with other queer people. I learned about sexual behaviour and the politics of being top, bottom, or versatile. After a few months on 2go I met John, my first gay friend.

John was a 26-year-old Igbo man who uttered incessant "I love you's" to me in his raspy smoker's voice. We connected on 2go and chatted for a while before meeting up. He sold spare motor parts in Lagos's sprawling and manic Alaba market and squandered his money on frivolities. He was hard working and caring.

After meeting in person a few times, John and I became a thing. Our relationship went smoothly at first. John was constantly professing his love to me, and in my naivety, I allowed his sexual advances to go to my head.

After our first sexual encounter, things changed between me and John. He stopped communicating like he used to. The few times John got in touch he seemed insecure, grumbling endlessly about not trusting me. He claimed he had someone tracking me online and that his informant reported I was having fun with other queer people. His paranoia was too much, and I eventually stopped replying to his messages.

Four months later John started sending threatening messages. I didn't know why. John threatened to expose me to the world. For three months he sent these messages. It was the most terrifying and depressing period of my life. I remembered those Google images of young gay men being lynched. Then

Illustration by Kevin Maithya Wamuthiani

John started calling again. One time he said he was on my street and coming to my house. I was ready to harm him or myself, but fortunately he never came. I was distraught and had nowhere to turn for help.

During these dark months, I met a new friend on Facebook called Clinton. Clinton was Igbo like John and two years older than me. He was cheerful, hyperactive, and outspoken. We quickly became friends. Clinton lived nearby, and I started spending more time at his house. John was still sending his threatening messages once or twice a week. One day I spilled my guts to Clinton, telling him everything that had transpired between me and John. Clinton listened with rapt attention, and I felt the weight start lifting from my shoulders.

Clinton called Mr. Frank, a lawyer friend, who told me to stand up to John and tell him to either act on his threats or leave me alone. At that moment, I stopped trying to hide who I was.

The next time I received a text message from John, I told him to go ahead with his plans, to tell the entire world who I was and that I was happy being myself. I don't know if Clinton somehow intervened or if my message did the trick, but I never heard from John again.

With that dark phase behind us, Clinton taught me how to meet other queer men and how to talk openly about what I want from a relationship. He encouraged me to stand up for myself, making me more aware of who I am.

In 2021, I joined the Rainbow Alive Hub Initiative as their media and communications officer. The Rainbow Alive Hub Initiative is a Lagos-based community-led NGO that works to advance the rights of sexual minority groups in Nigeria using feminist ideologies and approaches.

In this role I share information and inspire young queer people to accept who they are and to shine like rainbows. Thanks to queer friends like Clinton, I've found the courage to live openly with a bright rainbow halo over my head.

"Lekan" Olamilekan Olajubu Elijah is the media and communications officer for The Rainbow Alive Hub Initiative in Lagos. He works to inform and educate sexual minority groups in Nigeria about how to live better, safer lives.

LE HALO DE L'ARC-EN-CIEL

« LEKAN » OLAMILEKAN OLAJUBU ELIJAH
Nigeria

En 2015, fraîchement diplômé.e du lycée, j'ai cherché sur Google « où rencontrer des hommes qui aiment les hommes au Nigeria. » Les premiers résultats étaient tous des histoires d'amours tragiques qui s'étaient terminées en lynchage, des vidéos sexuelles de célébrités Nigérianes qui avaient fuité, et des rapports sur des hommes plus âgés impliqués dans des affaires de pédophilie. J'ai continué à chercher et à filtrer page après page, en essayant de trouver ma communauté.

Plus tard, j'ai découvert une application appelée 2go, qui proposait des chatrooms où les personnes queers pouvaient échanger. J'étais émerveillé.e de trouver des gens comme moi. Je me demandais comment se dérouleraient nos discussions et si les membres du groupe me reconnaîtraient s'iels me voyaient dans la rue.

C'est sur 2go que j'ai rencontré pour la première fois d'autres personnes queers. J'ai appris à connaître les comportements sexuels et à comprendre ce qu'est le fait d'être actif, passif ou versatile. Après quelques mois sur 2go, j'ai rencontré John, mon premier copain gay.

John était un Igbo de 26 ans qui me disait sans cesse « je t'aime » avec sa voix rauque de fumeur. Nous nous sommes trouvé.e.s sur 2go et avons papoté un moment avant de nous rencontrer. Il vendait des pièces détachées de moteur sur le marché d'Alaba, un marché tentaculaire et frénétique de Lagos, et dépensait son argent dans des folies. Il était bosseur et attentionné.

Après s'être rencontrés en personne à quelques reprises, John et moi sommes devenus un couple. Au début, notre relation se passait bien. John me disait constamment qu'il m'aimait et, dans ma naïveté, je laissais ses avances sexuelles me monter à la tête.

Après notre première expérience sexuelle, les choses ont changé entre John et moi. Il a cessé de parler comme il le faisait auparavant. Les rares fois où John entrait en contact avec moi, il semblait peu sûr de lui, se plaignant sans cesse de ne pas pouvoir me faire confiance. Il prétendait que quelqu'un me pistait en ligne et que son informateur lui avait signalé que je m'amusais avec d'autres personnes queers. Sa paranoïa était trop forte et j'ai fini par ne plus répondre à ses messages.

Quatre mois plus tard, John a commencé à m'envoyer des menaces par SMS. Je ne savais pas pourquoi. John a menacé de révéler mon identité au grand jour. Pendant trois mois, il a envoyé ces messages. C'était la période la plus terrifiante et la plus déprimante de ma vie. Je me suis souvenu.e de ces images Google de jeunes gays se faisant lyncher. Puis John a recommencé à appeler. Une fois, il a dit qu'il était dans ma rue et qu'il allait venir chez moi. J'étais prêt.e à lui faire du mal ou à me faire du mal, mais heureusement, il n'est jamais venu. J'étais complètement bouleversé.e et je ne savais pas vers qui me tourner pour trouver de l'aide.

Durant ces mois difficiles, j'ai me suis fait un nouvel ami sur Facebook, Clinton. Clinton était Igbo comme John et avait deux ans de plus que moi. Il était joyeux, hyperactif et franc. Nous sommes rapidement devenus ami.e.s. Clinton habitait à proximité et j'ai commencé à passer de plus en plus de temps chez lui. John envoyait toujours ses messages de menace une ou deux fois par semaine. Un jour, je me suis confié.e à Clinton, lui racontant tout ce qui s'était passé entre John et moi. Clinton m'a écouté.e avec une attention soutenue et j'ai senti le poids du fardeau que je portais sur mes épaules s'alléger.

Clinton a appelé M. Frank, un ami avocat, qui m'a dit de tenir tête à John et de lui dire de mettre à exécution ses menaces ou de me laisser tranquille. À ce moment-là, j'ai cessé de vouloir cacher qui j'étais.

La fois suivante où j'ai reçu un SMS de John, je lui ai dit de persévérer dans ses projets, de dire au monde entier qui j'étais et que j'étais heureux.se d'être moi-même. Je ne sais pas si Clinton est intervenu ou si mon message a fait l'affaire, mais je n'ai plus jamais eu de nouvelles de John.

Cette période sombre étant derrière nous, Clinton m'a montré comment s'y prendre pour rencontrer d'autres hommes queers et comment parler ouvertement de ce que j'attends d'une relation. Il m'a encouragé à me défendre, me faisant prendre encore plus conscience de la personne que je suis.

En 2021, j'ai rejoint la Rainbow Alive Hub Initiative en tant que responsable des médias et de la communication. La Rainbow Alive Hub Initiative est une ONG communautaire basée à Lagos qui œuvre à la promotion des droits des minorités sexuelles au Nigeria en utilisant des idéologies et des approches féministes.

En tant que tel.le, je partage des informations et j'incite les jeunes personnes queers à accepter qu'iels sont et à briller comme des arcs-en-ciel. Grâce à des amis queers comme Clinton, j'ai trouvé le courage de vivre ouvertement avec une auréole arc-en-ciel sur la tête.

« Lekan » Olamilekan Olajubu Elijah est responsable des médias et de la communication pour l'initiative Rainbow Alive Hub à Lagos. Iel travaille pour informer et éduquer les minorités sexuelles au Nigeria sur comment vivre une vie meilleure et plus sécurisée.

AN ACTIVIST BY CHANCE

CHARITY JOANNAH
Uganda

I was born and raised in a Catholic family in eastern Uganda. My parents taught me to fear God and pray to Jesus and the Virgin Mary. The priests from our church were family friends, and we spent most of our holidays with them. The church touched every aspect of our lives.

I always attended Catholic schools and remember hearing chatter about girls who were suspected of being lesbians. Those girls were caned in front of everyone during school assemblies. I was terrified.

In high school I found myself attracted to my best friend, a small, brilliant, dark-skinned girl. I always admired her but couldn't share my feelings because I was afraid of losing her as a friend and getting expelled from school. I fought my desire for other girls because I thought it was unnatural or just a result of being in a single-sex school. I told myself that it was just a phase; it would pass.

I enrolled at university and tried dating men but felt nothing for them. Things finally clicked when I met my first girlfriend. I got to know more lesbian women through Facebook and started attending small parties, which helped me discover Uganda's vibrant LGBT+ community.

In 2014, I read about Uganda's first pride rally, which gave me hope, but I also read dangerous queerphobic stories in local tabloids and newspapers. I was happy this community existed and that people freely expressed themselves during the pride march. But I also feared people would be tortured if police raided the march, or be disowned by families and lose their jobs if any marchers were outed in the media.

Homophobes in Uganda often say being queer is "un-African." They say only white people are queer, and that black people who identify as queer do so for monetary gain. These myths merely deny our existence.

Kuchu Times is a Ugandan media house by and for LGBT+ persons that works to counter negative mainstream media coverage of queer people with positive stories from our community. When Kuchu Times advertised for the post of finance officer in 2015, my girlfriend pushed me to apply and I got

Illustration by Diana Carina Vunge da Silva Monteiro

the position. Little did I know that this would be the start of my journey into activism. I was thrilled to work with Kasha Jacqueline Nabagesera, the founder of Kuchu Times and someone I consider the mother of Uganda's LGBT+ movement. I remember finding her by the shed outside her house, casually dressed, smoking her cigarette, when she warmly welcomed me into the organisation.

I joined a team of seven people who, due to our early bare-bones budget, worked only for transport and lunch allowances. We had no office furniture, so we worked on the shed floor. Despite these challenges, we delivered new stories every day. We were all so passionate about what we did. From these humble beginnings, Kuchu Times developed into a respected media platform for the LGBT+ community, one that bridges the information gap between queer people and mainstream media.

Working with Kuchu Times allowed me to meet queer activists from across Uganda. Their determination inspired me to join the fight for our basic rights, dignity, and equality and to help transform Uganda into a society that accepts queer people for who they are.

My passion for this work created trouble at home. My neighbours learned of my sexuality and stopped letting their children into my house, saying I would "infect their kids with lesbianism." One of them threatened to take me to church to "cure my disease." They whispered whenever I brought women home, made funny faces at us, and called my girlfriends rude names like rasta, boy-girl, and "kyakula sajja"—a derogatory Luganda word for "girls who look like men." Despite this discrimination, my passion for queer equality endures.

In 2020 I attended a podcast training that gave birth to Queer Prism 256 (QP256), a podcast I co-host with my best friend. On it we share the day-to-day experiences of Lesbian, Bisexual and Queer (LBQ) women in Uganda, provide critical information to the community, and try to improve narratives and perspectives about queer people.

As a registered accountant, I never thought I would become a queer activist. This journey has allowed me to discover so much about my sexual orientation and grow comfortable in my lesbian skin. I'm proud to be who I am: an empowered Ugandan lesbian.

Charity Joannah is the finance and administration director at Kuchu Times Media Group, a media initiative by and for LGBTIQ persons in Uganda. She's also a co-founder and co-host of Queer Prism 256 (QP256), a podcast that highlights the lived experiences of LBQ women and female sex workers in Uganda.

ACTIVISTE PAR HASARD

CHARITY JOANNAH
Ouganda

Je suis née et j'ai grandi dans une famille Catholique dans l'est de l'Ouganda. Mes parents m'ont enseigné la crainte de Dieu et à vénérer Jésus et la Sainte Vierge. Les prêtres de notre église étaient des amis de la famille, et nous passions la plupart de nos vacances avec eux. L'église était présente dans tous les aspects de notre vie.

Je suis toujours allée dans des écoles catholiques et je me souviens avoir entendu parler de filles qui étaient soupçonnées d'être lesbiennes. Ces filles recevaient des coups de bâton devant tout le monde lors des assemblées à l'école. J'étais terrifiée.

Au lycée, ma meilleure amie, une fille très intelligente, de petite stature et à la peau foncée, m'attirait. Je l'avais toujours admirée mais je ne pouvais pas lui faire part de mes émotions car j'avais peur de la perdre comme amie et d'être renvoyée du lycée. J'ai résisté à mon désir pour d'autres filles parce que je pensais que ce n'était pas naturel ou que c'était simplement le résultat du fait d'être dans une école non mixte. Je me disais que c'était juste une phase, et que cela passerait.

Je me suis inscrite à l'université et j'ai essayé de sortir avec des hommes, mais je ne ressentais rien pour eux. Le courant est finalement passé lorsque j'ai rencontré ma première petite amie. J'ai fait la connaissance d'autres lesbiennes grâce à Facebook et j'ai commencé à participer à de petites fêtes, ce qui m'a permis de découvrir cette communauté LGBT+ ougandaise dynamique.

En 2014, j'ai lu des articles sur la première marche des fiertés en Ouganda, ce qui m'a donné de l'espoir, mais j'ai aussi lu des histoires dangereusement « queerphobes » dans les tabloïds et dans la presse locale. J'étais heureuse de savoir que cette communauté existait et que les gens s'exprimaient librement lors de la marche des fiertés. Mais j'avais aussi peur que les gens soient torturés si la police faisait irruption au cours de la manifestation, ou qu'iels soient rejetés par leur famille et perdent leur emploi si les médias révélaient l'identité de quelconque participant.e.

En Ouganda, les homophobes disent souvent qu'être queer n'est « pas africain. » Ils disent que seuls les blanc.he.s sont queers, et que les noir.e.s qui s'identifient comme queers le font pour gagner de l'argent. Ces mythes ne font que dénier notre existence.

Kuchu Times est un média ougandais par et pour les personnes LGBT+ qui œuvre pour contrecarrer la couverture médiatique grand public négative des personnes queer avec des histoires positives de notre communauté. Lorsque Kuchu Times a publié une annonce pour le poste de responsable financier.e en 2015, ma petite amie m'a poussé à postuler et j'ai décroché le poste. J'étais loin de me douter que ce serait le début de mon parcours dans l'activisme. J'étais ravie de travailler avec Kasha Jacqueline Nabagesera, la fondatrice de Kuchu Times et une personne que je considère comme la maman du mouvement LGBT+ ougandais. Je me souviens de l'avoir retrouvée devant sa maison, habillée de façon décontractée et en train de fumer une cigarette, lorsqu'elle m'a chaleureusement accueillie au sein de l'organisation.

J'ai rejoint une équipe de sept personnes qui, en raison de notre budget de départ très serré, était rémunéré pour son travail à coup d'indemnités de transport et perdiem. Nous n'avions pas de mobilier de bureau, nous travaillions donc à même le sol de la cabane. Malgré ces défis, nous livrions de nouvelles histoires chaque jour. Nous étions tou.te.s très passionné.e.s par ce que nous faisions. Depuis ces débuts modestes, Kuchu Times est devenu une plateforme médiatique respectée de la communauté LGBT+, qui permet de réduire les inégalités entre les personnes queers et les médias grand public.

Travailler avec Kuchu Times m'a permis de rencontrer des militants queers venant de tout le pays. Leur détermination a été une source d'inspiration pour rejoindre la lutte pour nos droits fondamentaux, notre dignité et l'égalité et pour aider à faire de l'Ouganda une société qui accepte les personnes queers pour ce qu'elles sont.

Ma passion pour ce travail a créé des problèmes à la maison. Mes voisin.e.s ont appris que j'étais lesbienne et ont cessé de laisser leurs enfants venir chez moi, disant que « leurs enfants attraperaient le lesbianisme avec moi. » L'un.e d'elleux a menacé de m'emmener à l'église pour « me guérir de ma maladie. » Ils chuchotaient chaque fois que je ramenais des femmes à la maison, nous faisaient des grimaces et traitaient mes amies de noms grossiers comme rasta, garçon-fille et « kyakula sajja » — un terme péjoratif en luganda pour désigner « les filles qui ressemblent à des hommes. » Malgré cette discrimination, ma passion pour l'égalité des queers ne faiblit pas.

En 2020, j'ai participé à une formation sur la création de podcasts qui a donné naissance à Queer Prism 256 (QP256), un podcast que je coanime avec ma meilleure amie. Nous y partageons les expériences quotidiennes de femmes lesbiennes, bisexuelles et queers (LBQ) en Ouganda, nous fournissons des informations essentielles à la communauté et nous essayons de faire évoluer les récits et les perspectives sur les personnes queers.

En tant que comptable agréée, je n'aurais jamais pensé que je deviendrais une activiste queer. Ce voyage m'a permis de découvrir beaucoup de choses sur mon orientation sexuelle et de me sentir bien dans ma peau de lesbienne. Je suis fière d'être qui je suis : une lesbienne ougandaise autonome.

Charity Joannah est la directrice administrative et financière de Kuchu Times Media Group, une initiative médiatique par et pour les personnes LGBTIQ en Ouganda. Elle est également co-fondatrice et co-animatrice de Queer Prism 256 (QP256), un podcast qui met en avant les expériences vécues par des femmes LBQ et des travailleuses du sexe en Ouganda.

MY SILENCE SCREAMS

*HARRY
Madagascar

I was 26 years old when a local newspaper reported the details of a terrible scene. A 30 year old man had been murdered. His body lay lifeless on the ground. His name was Camille. His crime? He was gay. The whole web talked about it. No one condemned it.

Some weeks later, I learned that the perpetrators were still on the loose. I was shocked. I was about to open up to my family and tell them who I really was. Terrified, I stepped back. I swallowed my tongue. Revealing myself at that moment could have been fatal.

I am a committed human rights defender, which is why I wanted to stand up for Camille. I wanted to let the world know that I didn't agree with what had happened to him. But how could I do that? If homophobes had killed Camille, there was no reason they wouldn't kill me too. And I wondered: Is it even possible to carry on living in Madagascar like this?

I was raised in a devout and conservative Christian family. No one seemed to have a problem with me being different. My family never put into words what I am, or who I would become. They never wanted to. My parents never asked if I had a girlfriend, when I was planning to get married, or why I wasn't in a relationship. It was always, "don't ask, don't tell."

You might be thinking, "Why couldn't he affirm himself and come out in such an open context?" The reason was safety.

I remember seeing a photo on social media of two Malagasy men holding hands. The photo was captioned: "The person I love is a man." There was something so beautiful and courageous in their gazes. Hostile reactions flooded the post. The most "liked" comment read: "You deserve death!"

There is no such thing as zero risk. I put my own safety and that of my family and friends first. Everything can change in an instant, especially here in Madagascar. To have revealed who I am, in the society where I live, would have been too great a risk. So I kept silent.

Illustration by Larissa (Lari) Mwanyama

But wasn't my silence consent? Didn't my silence make me an accomplice? How long could I remain quiet with all this hatred?

Four years. It took me four long years to build up enough courage to speak out, to let my words flow.

When my parents departed from this world, when they were finally free from threat and harm, that's when I broke my silence. I broke my silence because there was still violence, abuse, and hatred all around me. In fact, it had gotten worse. I began to fear there would always be others like Camille.

I started hosting youth public forums to address important topics such as love, empathy, the right to life, respect for other people's lives, but never homosexuality directly. This tactic of bypassing the root of the issue to explore its branches proved effective. Slowly but surely, tongues began to loosen.

During one of these public talks, a young woman courageously told the room that she was in love with another woman. To my great surprise and satisfaction, her words were not met with hostility. The group's silence, peppered with whispers of affirmation, was revolutionary.

Four years of introspection and reflection later I founded an organisation that works for the promotion and protection of human rights, particularly those of LGBT people. We advance these rights through education, advocacy, and scientific research.

My organisation hasn't cured homophobia overnight. Violence against LGBT people continues. Hatred remains. But we are making a positive difference. This is what drives me to keep on fighting. Because deep inside, I still dream of a world without victims like Camille.

"No more Camilles," I tell myself repeatedly, each and every day.

Harry is a Malagasy human rights lawyer whose work focuses on the rights of children, women, and minorities. He founded a non-profit organisation to advance human rights and sustainable peace in Madagascar.

MON SILENCE CRIE

*HARRY
Madagascar

J'avais 26 ans lorsque les détails d'une scène macabre avaient été rapportés par un journal local. Un jeune homme d'une trentaine d'années avait été assassiné. Son corps inanimé gisait sur un terrain. Il s'appelait Camille. Son crime ? Il était queer. Toute la toile en parlait. Personne ne condamnait l'acte.

Quelques semaines plus tard, j'apprenais que les auteurs de ce crime n'avaient toujours pas été arrêtés. J'en étais ébranlé. Moi qui m'apprêtais pourtant à m'ouvrir aux miens, à leur dire qui je suis *vraiment*. Terrifié, je décidais de faire marche-arrière. J'ai ravalé ma langue : me dévoiler à ce moment précis aurait pu m'être fatal.

Je suis un fervent défenseur des droits humains, raison pour laquelle je voulais prendre la défense de Camille. Je voulais que le monde sache que je n'étais pas d'accord quant à ce qui lui était arrivé. Mais comment le dire ? Si ces individus-là l'ont fait avec Camille, il n'y avait pas de raison qu'ils ne fassent pas la même chose avec moi. Et moi, je me demandais s'il était toujours possible de continuer à vivre à Madagascar dans de telles conditions.

J'ai grandi dans une famille chrétienne pieuse et conservatrice, mais j'ai toujours senti que le fait que je sois différent ne posait aucun problème à quiconque. Personne n'avait jamais évoqué ce que j'étais ou ce que j'allais devenir, et d'ailleurs personne n'avait tenté de le faire. Mes parents ne m'ont jamais demandé si j'avais une copine, quand est-ce que je comptais me marier ou encore, pourquoi est-ce que je n'étais pas en couple. Tout se passait en mode « *don't ask, don't tell.* »

Vous devez vous demander alors, pourquoi ne pouvais-je donc pas m'affirmer dans ce contexte *a priori* ouvert et faire mon coming-out. Une raison : la sécurité.

Je me rappelle avoir vu sur les réseaux sociaux, la photo de deux hommes malgaches se tenant la main. L'image est accompagnée de cette légende : « La personne que j'aime est un homme. » Il y avait quelque chose de si beau et de courageux dans les regards qu'ils s'échangeaient.

Les réactions hostiles pleuvaient. Le commentaire le plus *liké* par les internautes : « Vous méritez la mort ! »

Le risque zéro n'existe jamais. Ma sécurité, celle de ma famille et celle de mes ami.e.s passent avant tout. Tout peut vite basculer, surtout ici. Révéler qui je suis, dans la société où je vis aurait comporté trop de risques. Du coup, j'ai préféré garder le silence.

Qui ne dit mot ne consent-iel pas ? Est-ce que mon silence ne faisait-il pas de moi un complice ? Jusqu'à quand allais-je garder le silence face à tant de haine ?

Quatre ans. Il m'aura fallu quatre longues années pour forger le courage nécessaire et libérer ma parole, donner l'envol à mes mots.

Ce silence, j'ai fini par le briser quand mes parents ont quitté ce monde, quand plus rien ne pouvait leur arriver. J'ai surtout voulu briser le silence parce que les violences, les abus, toute cette haine, rien de tout cela n'a changé autour de moi. Bien au contraire, ça n'avait fait qu'empirer. Comme si des Camille, il y en aurait toujours.

J'ai commencé à organiser des débats publics pour parler de sujets importants tels que l'amour, l'empathie, le droit à la vie, le respect de la vie d'autrui, sans jamais aborder l'homosexualité de manière frontale. Cette tactique qui consiste à contourner le cœur du problème pour n'évoquer que ses ramifications, a porté ses fruits. Car, lentement mais sûrement, les langues ont commencé à se délier.

Lors de l'un de ces débats publics, une jeune femme a courageusement proclamé son amour pour une autre femme à l'auditoire. À ma grande surprise et à ma grande satisfaction, aucune hostilité. Le silence de la salle ponctuée de murmures affirmatifs était tout simplement révolutionnaire.

Quatre années d'introspection et de réflexion au bout desquelles, j'ai fondé une association qui œuvre pour la promotion et la protection des droits humains, notamment ceux des personnes LGBT. Cela se fait par le biais de l'éducation, par un plaidoyer fort pour les minorités et aussi par la recherche scientifique.

Évidemment, mon ONG n'a pas changé le monde. Les violences envers les personnes LGBT n'ont pas cessé. La haine est loin de tarir. Mais l'impact du travail que nous faisons est positif.

C'est ce qui me pousse à poursuivre mon combat. Parce qu'au fond de moi, je rêve encore d'un monde où il n'y aurait plus de victimes comme Camille. « Des Camille ? Plus jamais ! », c'est ce que je me répète tous les jours, sans relâche.

Harry est un avocat spécialisé dans les droits humains à Madagascar qui travaille principalement sur les droits des enfants, des femmes, et des minorités. Il a fondé un ONG pour promouvoir les droits humains et la paix à Madagascar.

Chukwudi 2022

SOLDIERING FOR CHANGE

MAURICIO OCHIENG'
Kenya

As a child, I dreamed of joining The Kenya Army. I thought becoming a soldier would put me in a position to defend myself and protect other people who identify as LGBTIQ+. School made our need for protection painfully obvious.

The African Israel Church, with its roots here in Kenya, operated my high school and imposed strict rules based on its religious values. These rules weren't kind to students like me who didn't conform to the gender binary. I was always getting into trouble for defending queer students and those of different social backgrounds. Most teachers hated my boldness.

In 2004, I won the school election for the post of scout patrol leader. This was a first, as only male students were usually considered for the role, but the deputy headteacher nullified the results because she didn't like me. Such was my school life. I was hated, bullied, abused, and punished for my difference. Eventually the deputy headteacher kicked me out of school for not paying my fees. "Don't come back even if you get the money," she told me in disgust.

Years later in my early 20s, I stopped outside the Kisumu Youth Olympic Centre to watch a women's football game and noticed that two of the players were my queer friends from high school. Through them I learned about Women Working with Women (3W). 3W is the first organisation for Lesbian, Bisexual, Queer, and Transgender women in Kisumu. It envisions a society that embraces justice, freedom, and equality for LBQT women. After years of violence and abuse, 3W became a haven for me—a place to meet up, watch movies, and play football with fellow queer women.

I started working with other queer organisations and broadening my LGBTIQA+ network. In 2012, I heard about a group of gay men who police had arrested and physically assaulted in Kisumu. The men were detained for no reason, and the police demanded a fee for their release; an all-too-common tale in places where victims stay silent to avoid further harassment.

Hearing about this incident stirred something within me.

"Enough is enough!" I decided. I was going to speak for these men who couldn't. I went to the police station where they were held and demanded to know why the police were arresting people who had committed no crime. I was still speaking when six officers answered me with blows, kicks, and slaps. They arrested me for "promoting gay activities." Other queer activists and allies paraded outside the police station demanding my release and started a social media campaign calling for my freedom. Finally, after three nights in jail, I was released.

A few months later I worked on the case of a transgender woman who was arrested for "impersonating a female" and helped secure her release. This work impressed leaders at the Nyanza Rift Valley and Western Kenya LGBTQIA Network (NYARWEK), and they offered me a job.

Working for NYARWEK was a dream come true. I reported, documented, and responded to human rights violations against queer people. I also travelled regionally and internationally to human rights conferences and workshops. These experiences motivated me to join Petition 234, a movement that began in 2016 to repeal Sections 162 and 165 of Kenya's Penal Code, which criminalise homosexuality. Although Kenya's high court dismissed our petition in 2019, leaving these homophobic laws intact, I was proud to be part of this landmark case.

My childhood dream of becoming an Army soldier never materialised, but I'm still a soldier of sorts, fighting on the front lines for the rights of my country's queer community. Our battle continues.

Mauricio Ochieng' is a transgender activist and LBTIQ+ human rights defender. He is programs director at TransSupport Organisation, which serves Intersex, Transgender and Gender Nonconforming people who live in rural areas of Western Kenya.

MILITER POUR LE CHANGEMENT

MAURICIO OCHIENG'
Kenya

Quand j'étais enfant, je rêvais d'intégrer l'armée kényane. Je pensais qu'en devenant soldat, je serais en mesure de me défendre et de protéger d'autres personnes qui s'identifient en tant que LGBTIQ+. L'école a rendu notre besoin de protection douloureusement évident.

L'Église Africaine d'Israël, qui a ses racines ici au Kenya, administrait l'école secondaire où j'étais scolarisé et imposait des règles strictes basées sur ses valeurs religieuses. Ces règles se révélaient sans pitié pour les élèves qui, comme moi, ne se conformaient pas au modèle binaire du genre. Je rencontrais toujours des problèmes pour avoir défendu les élèves queers et ceux d'origine sociale différente. La plupart des professeurs détestaient mon audace.

En 2004, j'ai remporté l'élection de l'école pour le poste de chef de patrouille des scouts. C'était une première, car seuls les garçons étaient habituellement pressentis pour ce rôle, mais la directrice adjointe a invalidé les résultats parce qu'elle ne m'aimait pas trop. Telle était ma vie à l'école. J'étais détesté, maltraité, abus malmené et puni parce que j'étais différent. Finalement, la directrice adjointe m'a expulsé de l'école pour ne pas avoir pu payer les frais de scolarité. « Ne reviens pas, même si tu as de l'argent, » m'a-t-elle dit avec dégoût.

Des années plus tard, au début de la vingtaine, je me suis arrêté devant le centre olympique de la jeunesse de Kisumu pour regarder un match de football féminin et j'ai remarqué que deux des joueuses étaient des ami.e.s queers du lycée. Grâce à elles, j'ai appris l'existence de Women Working with Women (3W). 3W est la première organisation pour les femmes lesbiennes, bisexuelles, queers et transgenres de Kisumu. Elle envisage une société qui favorise la justice, la liberté et l'égalité pour les femmes LBQT. Après des années passées à subir des violence et des abus, 3W est devenu un refuge pour moi — un endroit où je pouvais se retrouver, regarder des films et jouer au football avec d'autres femmes queers.

J'ai commencé à travailler avec d'autres organisations queers et à élargir mon réseau LGBTIQA+. En 2012, j'ai entendu parler d'un groupe d'hommes gays que la police avait arrêté et agressé physiquement à Kisumu. Les hommes ont été détenus sans raison et la police a exigé une somme d'argent pour leur libération, une histoire trop fréquente dans des endroits où les victimes gardent le silence pour éviter davantage de harcèlements.

Entendre parler de cet incident a réveillé quelque chose en moi.

« Ça suffit ! » J'ai décidé. J'allais parler au nom de ces hommes qui ne pouvaient pas le faire. Je me suis rendu au poste de police où ils étaient détenus et j'ai exigé de savoir pourquoi la police arrêtait des personnes qui n'avaient commis aucun crime. Je parlais encore lorsque six officiers m'ont répondu en me giflant, en me frappant et en me donnant des coups de pied. Ils m'ont arrêté pour « promotion d'activités gays. » D'autres activistes et alliés queers ont défilé devant le poste de police pour demander ma libération et ont lancé une campagne sur les réseaux sociaux pour réclamer ma remise en liberté. Finalement, après trois nuits en prison, j'ai été libéré.

Quelques mois plus tard, j'ai travaillé sur le cas d'une femme transgenre qui avait été arrêtée pour « s'être fait passer pour une femme » et ai contribué à la faire libérer. Ce travail a impressionné les responsables du réseau LGBTQIA de Nyanza Rift Valley et du Western Kenya (NYARWEK), qui m'ont offert un poste.

Travailler pour NYARWEK est un rêve devenu réalité. J'ai dénoncé, documenté et pris position face à des violations des droits humains des personnes queers. J'ai également voyagé dans la région et à l'étranger pour assister à des conférences et des ateliers sur les droits humains. Ces expériences m'ont motivé à rejoindre la pétition 234, un mouvement qui a débuté en 2016 pour abroger les articles 162 et 165 du code pénal kényan, qui criminalisent l'homosexualité. Bien que la Haute Cour Kenyane ait rejeté notre pétition en 2019, laissant intactes ces lois homophobes, j'ai été fier de faire partie de cette action historique.

Mon rêve d'enfant, qui était de devenir un soldat dans l'armée, ne s'est jamais réalisé, mais je suis toujours une sorte de soldat, luttant en première ligne pour les droits de la communauté queer de mon pays. Notre lutte continue.

Mauricio Ochieng' est un activiste transgenre et un défenseur des droits humains LBTIQ+. Il est directeur des programmes de l'organisation TransSupport, qui s'occupe des personnes intersexuées, transgenres et de genre non-conforme qui vivent dans les zones rurales de l'Ouest du Kenya.

COLOURFUL ENTRANCES

LAYTI

Ethiopia

As a child growing up in Addis Ababa, I was told not to eat with my left hand. It was unacceptable. I concluded that if something so small were a problem, living authentically as a queer person in Ethiopia would be impossible. I was surrounded by friends and family who loved me, but wouldn't accept me if they knew I wasn't living according to what they believed was God's will.

If this all-powerful God hates queer people, how could I ever win? I played the role of an open-minded straight person to argue against homophobia, but I never lived my truth. Being Ethiopian and queer forces you to create a double identity. One side of you nurtures friendships and family relations to win love, the other side hides everything to survive.

I realised the depths of my denial in 2013 when I moved to Germany for a master's program. I was finally in a place where no one cared who I loved or slept with. Yet I was somehow even more insecure than I'd been in Ethiopia. On Saturday nights, when queer clubs were packed, I'd wear a hoodie to hide my face and saunter outside their colourful entrances, never plucking up enough courage to go inside. I worried someone might recognise me. As thumping music livened up the night, I could only wish. I watched from afar and fantasised about walking in and ordering a beer, with no one questioning my existence.

Around that time a close friend who was also living abroad came out as gay to his parents in Ethiopia. Some family members said he was gay because of the Western values he'd adopted. Others said he was cursed. Some said holy water could save his soul. A small handful said it wasn't their business, but that was enough to encourage me. I started taking small steps towards being myself. Every morning I told myself that self-acceptance was within reach, no matter what family, friends, or society said.

Eventually I no longer felt the need to defend my "lifestyle" or surround myself with people whose love was conditional. I started surrounding myself with people who know and love me as I am. In the process, I made more

Illustration by WacomBoy (Khanya Kemami)

friends and saw that I didn't need to explain myself. I found people I can laugh and live with as my true self. They inspired me to start collecting stories from Ethiopia's queer underground scene.

In 2019, I started developing concept notes for a queer storytelling project, but COVID-19 came and paused the world. This long break made me realise that collecting stories wasn't enough. We needed a place to showcase them. ስም አልባ/SEMALBA was born in January 2022 as a multidisciplinary online media project where queer Ethiopian culture and art can be seen and celebrated. Our goal is to create fairer, more inclusive media for our queer community. By telling our stories, we're paving the way for other queer Ethiopians to make their own colourful entrances towards self-acceptance and embrace their hidden beauties.

Layti is a photographer and storyteller based in Addis Ababa. They founded ስም አልባ / SEMALBA to celebrate art and stories by and for LGBTQI+ Ethiopians.

DES ENTRÉES COLORÉES

LAYTI
Éthiopie

Quand j'étais enfant, à Addis Abeba, on m'a dit de ne pas manger avec ma main gauche. C'était inacceptable. J'en ai conclu que si quelque chose d'aussi petit était un problème, vivre authentiquement en tant que personne queer en Éthiopie serait impossible. J'étais entouré.e d'amis et de membres de ma famille qui m'aimaient, mais qui ne m'accepteraient pas s'ils savaient que je ne vivais pas selon ce qu'ils croyaient être l'ordre divin.

Si ce Dieu tout-puissant déteste les queers, comment pouvais-je espérer gagner ? J'ai joué le rôle de l'hétéro ouvert d'esprit pour débattre de l'homophobie, mais je n'ai jamais vécu ma vérité. Être Éthiopien et queer t'oblige à te créer une double identité. D'un côté, vous entretenez des relations amicales et familiales pour avoir de l'amour, de l'autre, vous cachez tout pour survivre.

J'ai réalisé la profondeur de mon déni en 2013 lorsque j'ai déménagé en Allemagne pour un programme de master. J'étais enfin dans un endroit où personne ne se souciait de savoir qui j'aimais ou avec qui je couchais. Pourtant, j'étais en quelque sorte encore moins sûr.e de moi que je ne l'avais été en Éthiopie. Les samedis soir, lorsque les clubs gays étaient remplis, je portais un sweat à capuche pour cacher mon visage et je marchais devant leurs entrées colorées, sans jamais trouver le courage d'y entrer. J'avais peur que quelqu'un me reconnaisse. Alors que la musique faisait vibrer la nuit, je ne pouvais qu'espérer. Je regardais de loin et je rêvais d'entrer et de commander une bière sans que personne ne se pose de questions sur moi.

À peu près à la même époque, un ami proche qui vivait également à l'étranger a révélé qu'il était gay à ses parents en Éthiopie. Certains membres de la famille ont dit qu'il était gay à cause des valeurs occidentales qu'il avait adoptées. D'autres ont dit qu'il était maudit. Certains ont dit que l'eau bénite pourrait délivrer son âme. Une poignée de personnes ont dit que ce n'était pas leur affaire, mais cela a suffi pour m'encourager. J'ai commencé à faire de petits pas pour être moi-même. Chaque matin, je me disais que l'acceptation de soi était à ma portée, quoi qu'en disent la famille, les amis ou la société.

Finalement, je n'ai plus ressenti le besoin de justifier mon « style de vie » ou de m'entourer de personnes dont l'amour était conditionnel. J'ai commencé à m'entourer de personnes qui me connaissent et m'aiment comme je suis. Dans le processus, je me suis fait plus d'ami.e.s et j'ai vu que je n'avais pas besoin de me justifier. J'ai trouvé des gens avec qui je peux rire et vivre en étant moi-même. Ils m'ont inspiré.e pour commencer à recueillir des histoires de la vie parallèle des membres de la communauté queer éthiopienne.

En 2019, j'ai commencé à élaborer des notes conceptuelles pour un projet de narration queer, mais le COVID-19 est arrivé et le monde a cessé de tourner un moment. Cette longue pause m'a fait réaliser que recueillir des histoires n'était pas suffisant. Nous avions besoin d'un endroit pour les mettre en valeur. ስም አልባ/SEMALBA est né en janvier 2022 en tant que projet médiatique multidisciplinaire en ligne où la culture et l'art éthiopiens queers peuvent être vus et célébrés. Notre objectif est de créer des médias plus justes et plus inclusifs pour notre communauté queer. En racontant nos histoires, nous ouvrons la voie à d'autres Éthiopien.ne.s queers pour qu'iels fassent leurs propres cheminements colorés vers l'acceptation de soi et qu'iels acceptent leurs beautés cachées.

Layti est photographe et storyteller basé.e à Addis-Abeba. Iel a fondé ስም አልባ/SEMALBA pour célébrer l'art et les histoires créés par et pour les Éthiopien.ne.s LGBTQI+.

A SINNER NO MORE

MLONDZI NKAMBULE
Eswatini

By the time I was 18, I had already been tested for HIV several times. I was seriously concerned about getting infected even though I wasn't having sex. My Christian family and society had made me paranoid. All I heard were people telling me that God hates homosexuality and would punish people like me with HIV and eventually death. I believed myself a "sinner" who deserved all the bad that came my way.

I never really had to come out to my family. My nosy cousins and gossiping aunts suspected all along that I was gay. Soon after my 15th birthday, my mother made me attend conversion therapy with the local pastor, who warned me I was destined for Hell. After a few sessions of being rained on with Bible verses, it was apparent the "therapy" wasn't working. I was still me.

That's when my maternal grandfather Mkhulu stepped in. He had a reputation for being a no-nonsense man who would beat the living hell out of anyone. People within and outside our family feared him. My family believed Mkhulu was the only person who could drive this "demon" of homosexuality out of me.

I was dumped at his place to be dealt with. It started with a "man-to-man conversation" followed by him beating me so badly that I spent three days in the hospital with my mother by my side. My family still saw me as an abomination, constantly reminding me how much God hated me.

A year or so later I was watching TV at my grandfather's house when I saw an interview featuring the Gays and Lesbians Association of Swaziland (GALESWA). A representative from the human rights organisation had been invited onto the show to speak about their work. The interview was a complete disaster, with the show's presenters and its audience ridiculing the activist. I sat there and wondered how a nation known for love and peace could be so vile?

That's when I decided to become an activist. I wanted to set the record straight and let people know that God doesn't hate queer people and that you can't get HIV just by being gay.

Illustration by Anthony Benjamin Adeaba

So, in 2018, I joined an organisation called HealthPlus 4 Men Swaziland as an outreach worker. My duties included facilitating group discussions with queer men on many subjects that touched our lives, including HIV and mental health. This work allowed me to interact with and learn from other queer people.

I've since vowed to never let another queer person go through the trauma I endured. My goal as an activist is to challenge the voices that make queer folks think we are worthless sinners. Whether these voices come from our families, our communities, or inside our own heads, we shouldn't listen to them. We are worthy of love and happiness.

Mlondzi Nkambule is an aspiring journalist in Mbabane who volunteers his communication and outreach skills at human rights organisations. He is a member of Eswatini Sexual and Gender Minorities.

PLUS JAMAIS UN PÉCHEUR

MLONDZI NKAMBULE
Eswatini

À l'âge de 18 ans, j'avais déjà fait plusieurs fois le test du VIH. Je craignais sérieusement d'être infecté, même si je n'avais pas de rapports sexuels. Ma famille et ma société chrétienne m'avaient rendu paranoïaque. Tout ce que j'entendais, c'était des gens qui me disaient que Dieu détestait l'homosexualité et qu'il punirait les gens comme moi avec le VIH et la mort pour finir. Je me considérais comme un « pécheur » qui méritait tout le mal qui lui arrivait.

Je n'ai jamais vraiment fait mon coming out à ma famille. Mes cousin.e.s curieux.ses et mes commères de tantes se sont toujours doutés que j'étais gay. Peu après mon quinzième anniversaire, ma mère m'a fait suivre une thérapie de conversion avec le pasteur local, qui m'a averti que j'étais destiné à l'enfer. Après quelques séances où l'on m'a abreuvé de versets bibliques, il était évident que la « thérapie » ne fonctionnait pas. J'étais toujours moi.

C'est alors que mon grand-père maternel Mkhulu est intervenu. Il avait la réputation d'être un homme sans état d'âme capable de frapper n'importe qui. Les gens de notre famille et d'ailleurs le craignaient. Ma famille pensait que Mkhulu était la seule personne capable de chasser ce « démon » de l'homosexualité en moi.

On m'a déposé chez lui pour qu'il s'occupe de moi. Cela a commencé par une « conversation d'homme à homme, » puis il m'a battu si violemment que j'ai passé trois jours à l'hôpital avec ma mère à mes côtés. Ma famille me considérait toujours comme une abomination, me rappelant constamment combien Dieu me détestait.

Un an plus tard, alors que je regardais la télévision chez mon grand-père, j'ai vu une interview de la Gays and Lesbians Association of Swaziland (GALESWA). Un.e représentant.e de l'organisation des droits humains avait été invité.e sur le plateau pour parler de son travail. L'interview était un fiasco total, les présentateur.rice.s de l'émission et le public ont ridiculisé l'activiste. Je suis resté assis et je me suis demandé comment une nation connue pour ses valeurs d'amour et de paix pouvait être aussi odieuse ?

C'est à ce moment que j'ai décidé de devenir activiste. Je voulais remettre les choses à leur place et faire savoir aux gens que Dieu ne déteste pas les personnes queers et qu'on ne peut pas contracter le VIH rien qu'en étant gay.

Ainsi, en 2018, j'ai rejoint une organisation appelée HealthPlus 4 Men Swaziland en tant que chargé de sensibilisation. Mes tâches consistaient notamment à animer des discussions de groupe avec des hommes queers sur de nombreux sujets qui touchaient nos vies, notamment le VIH et la santé mentale. Ce travail m'a permis d'interagir avec d'autres personnes queers et d'apprendre d'elles.

J'ai depuis juré de ne jamais laisser une autre personne queer subir le traumatisme que j'ai enduré. Mon objectif en tant qu'activiste est de défier les voix qui veulent nous faire croire que nous sommes des pécheur.eresse.s indignes. Que ces voix viennent de nos familles, de nos communautés ou de nos propres têtes, nous ne devons pas les écouter. Nous sommes dignes d'être aimé.e.s et d'être heureux.ses.

Mlondzi Nkambule est un aspirant journaliste de Mbabane qui met ses compétences en matière de communication et de sensibilisation au service d'organisations de défense des droits humains. Il est membre de l'association Eswatini Sexual and Gender Minorities.

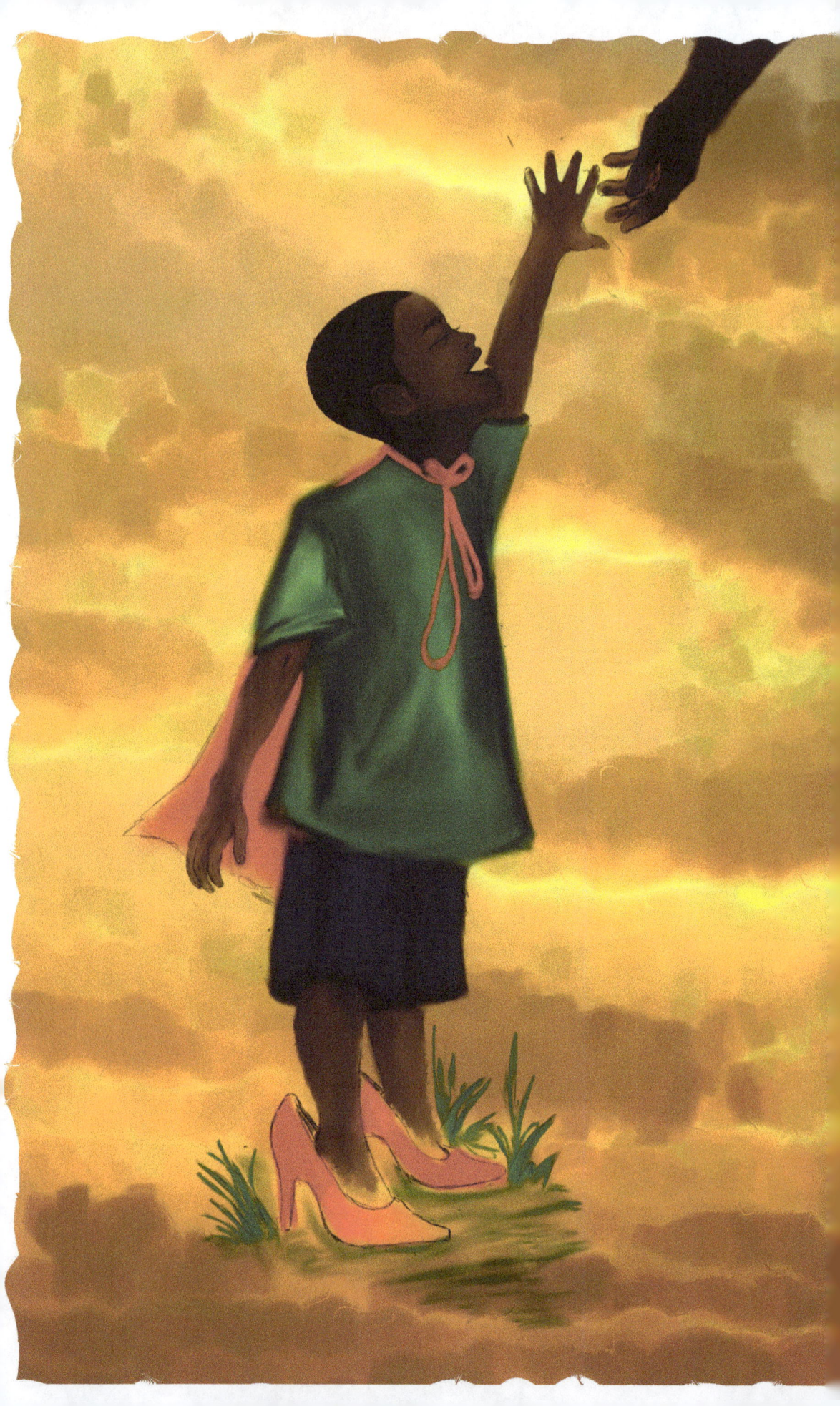

TURNING PAIN INTO GAIN

ATAMAN KIOYA
Nigeria

As a young boy in Southern Nigeria I was treated and cared for like a princess. Until I was five, my mom and older siblings would dress me in female clothes and watch me catwalk like a model. I'd wear my sister's dresses, shoes, bags, and wigs and strut around the block in makeup. Neighbours would clap and smile, sometimes offering me money and other gifts. I needed everyone to see me in my beauty and in my element; to see me as a star; to see my power.

This power was short-lived. When I started primary school, my neighbours, classmates, and teachers started bullying me and calling me "boy-girl" and other derogatory names. I couldn't help being effeminate. That's just how I was. I went from being a star to being a pariah.

One day my classmates carried me to a pond and nearly threw me in. I screamed and begged for them to stop until a teacher finally intervened. I changed schools, but the bullying continued. I had no friends and couldn't bring myself to tell anyone I was being bullied, not even my siblings. My parents couldn't understand my trauma or offer much emotional support. My self-esteem plummeted.

As I grew older, I realised I was attracted to other boys. I didn't know there was a name for this kind of attraction, I just knew it was "weird." As though it weren't enough to be bullied for being effeminate, I now had to deal with this taboo attraction. I prayed and wished it away, to no effect.

I was 13 when someone first called me "homosexual." We were playing "father and mother," with me in the mother role and a male peer as father. In this game, we shared a bed, as couples do. I got an erection and touched him. He ran out and told the other kids what happened. "Homosexual, xual, xual," they teased. My parents heard about the incident and beat me with a TV cord. "You will not disgrace me in this house," my father shouted as he flogged me relentlessly.

I stayed in my shell for the next few years, only connecting with other queer folks on social media. In 2014, at age 20, I went for a hook-up with someone I met online. I arrived excited, only to be ambushed, beaten, and robbed. The perpetrators took my phone from me and forced me to unlock it, gaining access to all my contacts.

The trauma lingered. I developed an anxiety disorder. I was angry at the world, at myself. I wanted to die, for everything to end. I felt so alone. No one understood my pain. My one saving grace was that my family didn't find out. That gave me hope to keep living.

As I continued my studies after high school, I tried to mask my gender expression so as not to be tagged "homosexual" again. I channelled my anger into work and tried not to embarrass my family. Publicly, I remained closeted, but privately, I started helping other men deemed "effeminate" to chart their own paths. I joined the counselling department at my university and shared my story with these men, teaching them how to stay safe online and out in the world.

I started volunteering with a non-profit organisation that works with youth to end bullying and other forms of violence. This advocacy work made me realise how important my voice is, and reassured me that I'm on the right path.

My LGBTQI+-specific work really began in 2019, first as a peer educator, then as a media and communications officer, now as a programmes officer at Equality Triangle Initiative, a human rights and health advocacy organisation that works to advance the rights of sexual and gender minorities in Nigeria. Nothing erases the trauma I've experienced, but at least now I leverage it to help young LGBTQI+ people make good choices as they navigate their own lives.

Ataman Ehikioya is a human rights advocate and the programmes officer at Equality Triangle Initiative in Warri, Nigeria.

TRANSFORMER LA DOULEUR EN FORCE

ATAMAN KIOYA

Quand j'étais un jeune garçon dans le sud du Nigeria, j'étais traité comme une princesse et on prenait soin de moi. Jusqu'à l'âge de cinq ans, ma mère et mes frères et sœurs aînés m'habillaient avec des vêtements de fille et me regardaient défiler comme un mannequin. Je portais les robes, les chaussures, les sacs et les perruques de ma sœur et je me promenais dans le quartier en me maquillant. Les voisins applaudissaient et souriaient, m'offrant parfois de l'argent et d'autres cadeaux. J'avais besoin que tout le monde me voie dans ma beauté et dans ma personnalité ; que l'on me voie comme une star ; que l'on voie ma puissance.

Cette puissance n'a pas duré longtemps. Lorsque j'ai commencé l'école primaire, mes voisin.e.s, mes camarades de classe et mes enseignant.e.s ont commencé à m'intimider et à m'appeler « garçon-fille » et autres noms dévalorisants. Je ne pouvais pas m'empêcher d'être efféminé. J'étais comme ça, c'est tout. Je suis passé de star à paria.

Un jour, mes camarades de classe m'ont porté jusqu'à un étang et ont failli me jeter dedans. J'ai crié et supplié pour qu'ils arrêtent jusqu'à ce qu'un.e enseignant.e intervienne enfin. J'ai changé d'école, mais les brimades ont continué. Je n'avais pas d'ami.e.s et je ne pouvais pas dire à qui que ce soit que j'étais victime de harcèlement, pas même à mes frères et sœurs. Mes parents ne pouvaient pas comprendre mon traumatisme ni m'offrir un soutien affectif. J'ai perdu toute estime de moi.

En grandissant, j'ai réalisé que j'étais attiré par d'autres garçons. Je ne savais pas qu'il y avait un nom pour ce genre d'attirance, je savais juste que c'était « bizarre. » Comme s'il ne suffisait pas d'être brutalisé parce que j'étais efféminé, je devais maintenant faire face à cette attirance taboue. J'ai prié et souhaité qu'elle disparaisse, sans résultat.

J'avais 13 ans quand quelqu'un m'a qualifié « d'homosexuel » pour la première fois. Nous jouions à « père et mère, » avec moi dans le rôle de la mère et un camarade dans celui du père. Dans ce jeu, nous partagions un lit, comme le font les couples. J'ai eu une érection et je l'ai touché. Il est sorti en courant et a raconté aux autres enfants ce qui s'était passé. « Homosexuel,

xuel, xuel, » ont-ils taquiné. Mes parents ont entendu parler de l'incident et m'ont battu avec un câble de télévision. « Tu ne me déshonoreras pas dans cette maison, » a crié mon père en me fouettant sans relâche.

Je suis resté dans ma coquille pendant les années qui ont suivi, ne me connectant à d'autres queers que sur les réseaux sociaux. En 2014, à l'âge de 20 ans, je suis allé rencontrer quelqu'un que j'avais connu en ligne. Je suis arrivé tout excité, mais c'était une embuscade : j'ai été battu et me suis fait voler. Les agresseurs m'ont pris mon téléphone et m'ont forcé à le déverrouiller, accédant ainsi à tous mes contacts.

Le traumatisme a persisté. J'ai développé des troubles de l'anxiété. J'étais en colère contre le monde, contre moi-même. Je voulais mourir, que tout s'arrête. Je me sentais si seul. Personne ne comprenait ma douleur. La seule grâce que j'ai eue, c'est que ma famille n'a pas découvert ce qui m'était arrivé. Cela m'a donné l'espoir de continuer à vivre.

En poursuivant mes études après le lycée, j'ai essayé de masquer mon expression de genre pour ne pas être à nouveau étiqueté « homosexuel. » J'ai canalisé ma colère dans le travail et j'ai essayé de ne pas mettre ma famille dans l'embarras. En public, je suis resté caché, mais en privé, j'ai commencé à aider d'autres hommes jugés « efféminés » à tracer leur propre chemin. J'ai rejoint le service d'accompagnement psychologique de mon université et j'ai partagé mon histoire avec ces hommes, pour leur apprendre comment rester en sécurité en ligne et dans le monde réel.

J'ai commencé à faire du bénévolat dans une organisation à but non lucratif qui travaille avec les jeunes pour mettre fin au harcèlement et à d'autres formes de violence. Ce travail de sensibilisation m'a fait prendre conscience de l'importance de ma voix et m'a rassuré sur le fait que j'étais sur la bonne voie.

Mon travail axé sur les personnes LGBTQI+ a réellement commencé en 2019, d'abord en tant que pair éducateur, puis en tant que responsable des médias et de la communication, et maintenant en tant que responsable des programmes à Equality Triangle Initiative, une organisation de défense des droits humains et de la santé qui œuvre pour faire progresser les droits des minorités sexuelles et de genre au Nigeria. Rien n'efface le traumatisme que j'ai vécu, mais au moins, maintenant, je m'en sers pour aider les jeunes LGBTQI+ à faire de bons choix dans leur vie.

Ataman Ehikioya est un défenseur des droits de l'homme et le responsable des programmes de Equality Triangle Initiative à Warri, au Nigeria.

RAINBOW SPRINKLES

KARIN JOHANNES
Namibia

I was raised by a single mother whose life was ruptured when my father disappeared. Growing up in Katutura, a township in Namibia's capital Windhoek, I was constantly on the lookout for this man I never met, hoping one day he would walk through the front door.

My mother had two identities. Her sober one was hands-on, hardworking, and loved by all. We stayed at a relative's house, and on her days off she was always up early preparing the house and making breakfast for her school-going children. As for her alcoholic identity, I refused to call that woman my mother. She would come home drunk and stir up late-night arguments. That wasn't the mother I loved.

For a while, I disowned my mother because her actions brought me great shame and embarrassment. Other kids bullied me and called me the daughter of a drunk—a stain I carried most of my life. I wondered why she drank so much and never loved me. She blamed the heartbreaks and setbacks she encountered when my father walked away from their marriage before I was born.

In 2011, my mother was diagnosed with HIV. Her illness reunited us but brought my own life to a complete standstill. I dropped everything and moved from the city to a farm to care for her. I didn't understand her ailments, and the healthcare workers we encountered had a nonchalant attitude towards HIV-positive people. I became her primary caregiver. Emotionally displaced, I turned to alcohol to dull my reality and started coming home drunk, a carbon copy of my mother's numb-to-forget life.

Eventually my mother regained her strength and moved back to the city where she relapsed into alcoholism. I took on odd jobs to sustain us, but my efforts were constantly derailed when my mother exchanged our food for alcohol.

In 2012 I went to a military school and discovered I was attracted to one of my fellow female recruits. She made me want to run away from everything I was battling. I ended up with a broken heart. My aunt saw my pain and

Illustration by Sarah Ijangolet

told me she knew I was different because I never talked about boyfriends. But how could I talk about being in love with a woman? That would have opened a floodgate to questions whose answers I was still seeking.

I didn't understand my same-sex attraction. My aunt could have just asked me, but she wanted me to come out as who I was, a girl in love with another girl, something that is rarely talked about in our society. She told me she would never love me differently from her other kids and that I would always be one of her children. I yearned to hear the same from my mother but took solace in this love from another mother who completed me and made me who I am.

I came back to Windhoek to look for work and got invited to my first ever LGBTI pink party. There I met a butch coloured lesbian whose facial piercing was my new sexy. I saw my kind and felt safe. Before coming out, I feared the outside world. Living my truth sent rainbow sprinkles through my bloodstream. I finally felt the warmth of life.

This awakening led me to Out-Right Namibia, an organisation that advocates for the recognition of LGBTIQ people in the country. I became a member and was initially hired as a cleaner. After learning the ropes and proving to be a quick learner, they promoted me to a monitoring and evaluations officer. Out-Right Namibia became my home and gave me a new way of life and a new language to understand myself and my community.

The stigma and challenges surrounding my mom's HIV diagnosis forced me to accept my own journey and to embrace the parts of me that society called "abnormal." Today Namibia has even more LGBTIQ-led organisations, and our community is having more open conversations about our challenges. Together we're coming up with solutions to free queer people and all of humanity from shame and stigma.

Karin Johannes is the former monitoring and evaluations officer at Out-Right Namibia, a LGBTIQ+ human rights organisation that works to advance equality for all.

PAILLETTES ARC-EN-CIEL

KARIN JOHANNES
Namibie

J'ai été élevée par une mère célibataire dont la vie a été bouleversée quand mon père a disparu. En grandissant à Katutura, un quartier de Windhoek, la capitale de la Namibie, j'étais dans l'attente constante de cet homme qui franchirait le pas de ma porte, un homme que je n'ai jamais rencontré en fin de compte.

Ma mère avait deux identités. La première, lorsqu'elle n'avait pas bu : une femme de terrain, travailleuse et aimée de tout le monde. Nous restions chez un.e proche et, pendant ses jours de congé, elle se levait toujours tôt pour nettoyer la maison et préparer le petit-déjeuner pour ses enfants qui allaient à l'école. Quand elle buvait, je refusais d'appeler cette femme ma mère. Elle rentrait ivre à la maison et provoquait des disputes jusque tard dans la nuit. Ce n'était pas cette mère-là que j'aimais.

Pendant un certain temps, j'ai renié ma mère parce que ses actes me faisaient vraiment honte et me gênaient énormément. Les autres enfants me harcelaient et me traitaient de fille d'ivrogne — une marque que j'ai portée presque toute ma vie. Je me demandais pourquoi elle buvait autant et pourquoi elle ne m'avait jamais aimée. Elle rejetait le blâme sur les chagrins d'amour et les écueils occasionnés par le départ de mon père peu avant ma naissance.

En 2011, ma mère a été diagnostiquée séropositive au VIH. Sa maladie nous a rapprochées mais ma propre vie s'est complètement retrouvée au point mort. J'ai tout laissé tomber et j'ai quitté la ville pour m'installer dans une ferme afin de m'occuper d'elle. Je ne comprenais pas ce dont elle souffrait, et les professionnel.le.s de la santé que nous rencontrions avaient une attitude peu chaleureuse envers les personnes atteintes du VIH. J'ai dû la prendre en charge toute seule. Émotionnellement perdue, je me suis tournée vers l'alcool pour atténuer l'impact de ma réalité et j'ai commencé à rentrer à la maison ivre, exactement comme l'avait fait ma mère auparavant.

Ma mère a finalement repris des forces et est retournée en ville où elle est retombée dans l'alcoolisme. Je faisais de petits boulots pour subvenir à nos besoins, mais mes efforts étaient constamment perturbés par le fait que ma mère troquait notre nourriture contre de l'alcool.

En 2012, j'ai intégré une école militaire et j'ai découvert que j'étais attirée par l'une de mes camarades. Elle m'a donné envie de fuir tout ce que contre quoi je me battais. Je me suis retrouvé le cœur brisé. Ma tante a vu ma douleur et m'a dit qu'elle savait que j'étais différente parce que je ne parlais jamais de petits copains. Mais comment pouvais-je parler du fait que j'étais amoureuse d'une femme ? Cela aurait ouvert la porte à des questions dont je cherchais encore les réponses.

Je ne comprenais pas mon attirance pour le même sexe. Ma tante aurait pu simplement me le demander, mais elle voulait que je fasse la démarche de me révéler telle que je suis, une fille qui aime une autre fille, quelque chose dont on parle rarement dans notre société. Elle m'a dit que son amour pour moi ne changerait jamais et que je resterais toujours une de ses enfants. J'aurais voulu entendre la même chose de la part de ma mère, mais j'ai trouvé du réconfort dans l'amour d'une autre mère qui m'a complétée et a fait de moi ce que je suis.

Je suis revenue à Windhoek pour chercher du travail et j'ai été invitée à ma toute première fête LGBTI. J'y ai rencontré une lesbienne butch de couleur dont le piercing facial était devenu mon nouveau sexy. Je me suis retrouvée dans ce milieu et je me suis sentie en sécurité. Avant de faire mon coming out, je craignais le monde extérieur. Vivre ma vérité a injecté des éclats d'arc-en-ciel dans mon sang. Je ressentais enfin la chaleur de la vie.

Cet éveil m'a conduit à Out-Right Namibia, une organisation qui milite pour la reconnaissance des personnes LGBTIQ dans le pays. J'en suis devenu membre et j'ai d'abord été recrutée en tant que femme de ménage. Après avoir appris les règles du métier et prouvé que j'apprenais vite, ils m'ont promu au poste de responsable du suivi et des évaluations. Out-Right Namibia est devenue ma maison et m'a offert une nouvelle manière de vivre et une nouvelle langue pour que je puisse me comprendre et comprendre ma communauté.

La stigmatisation et les difficultés entourant le diagnostic du VIH de ma mère m'ont obligée à accepter mon propre parcours et à assumer les parties de moi que la société qualifiait d'« anormales. »

Aujourd'hui, la Namibie compte encore plus d'organisations dirigées par des personnes LGBTIQ, et notre communauté discute plus ouvertement de nos difficultés. Ensemble, nous trouvons des solutions pour permettre aux personnes queers et à l'ensemble de l'humanité de se libérer de la honte et de la stigmatisation.

Karin Johannes était chargée du suivi et des évaluations chez Out-Right Namibia, une organisation de défense des droits humains LGBTIQ+ qui œuvre pour l'égalité pour tou.te.s.

ALLY BY NIGHT

MC'OVEH
Kenya

Until I started working at a strip club in Nairobi in 2013, I'd never knowingly interacted with any out LGBTIQ+ people. All I knew about their lives was what I saw in the media, which was horribly biassed and dehumanising.

I first started noticing these anti-LGBTIQ+ narratives during Kenya's 2007-2008 post-election violence, which left thousands of people dead. These bigoted news reports stood in stark contrast to my pleasant interactions with queer people at the club, and opened my eyes to the discrimination LGBTIQ+ people face.

When I was promoted from club waiter to manager in 2014, I could finally afford to enrol at university. During my studies I worked with other students to create safe spaces on campus and at the club; spaces that were open to everyone regardless of sex, gender, identity, race, ethnicity, or colour.

From time to time people would still come to the club, get drunk, and start harassing LGBTIQ+ patrons. We would try to calm down these disruptors or have the bouncers kick them out if they persisted in making the environment uncomfortable for everyone.

As I welcomed more and more LGBTIQ+ people into the club, I started researching the community to find accurate information about their lives and try to understand why the media only ever told negative stories about them. One thing I discovered is that Kenya is not the only country where LGBTIQ+ people face stigma, discrimination, and violence. Sexual and gender minorities are discriminated against in many parts of the world. I was surprised by this. Why couldn't we all just live together in harmony?

The strip club closed in 2016, so I started looking for jobs as a freelance designer and web developer. You never know where you might find your next gig. On a trip from Mombasa to Nairobi I started chatting with another man on the bus. We exchanged numbers and in the following months continued to discuss our work and the queer community.

A year later, that same man contacted me for a website development project and asked me to come back to Mombasa to meet his team at PEMA Kenya.

Illustration by Kevin Maithya Wamuthiani

PEMA Kenya champions the inclusion of gender and sexual minorities by providing space for advocacy, networking, and capacity building. They wanted a new website to showcase their good work, and I gave it my best effort to show my support for the queer community. I also volunteered to create and manage their social media profiles and presence. I now work at PEMA Kenya as the ICT officer.

Through my work at PEMA Kenya I was introduced to HOYMAS (Health Options for Young Men on HIV/AIDS/STI) in Nairobi. HOYMAS issued a call for people to take part in a community-led research project called The Assumptions Project. I became the project's coordinator in 2018. Through this work I've come to better understand the lived realities and struggles of Kenya's queer community.

From late nights at the club to quiet days at the computer, working with queer people has strengthened my passion as a human rights defender. I now know that regardless of how poorly media outlets portray the LGBTIQ+ community, there's always another story to be told.

A luta continua!

Mc'Oveh is the information and communications technology officer at PEMA Kenya, an organisation based in Mombasa that works to bridge gaps between gender and sexual minorities and the general population.

ALLIÉ.E DU SOIR

MC'OVEH
Kenya

Avant de commencer à travailler dans un club de strip-tease à Nairobi en 2013, je n'avais jamais eu d'interaction avec des personnes LGBTIQ+. Tout ce que je savais de leur vie était ce que je voyais dans les médias, ce qui était horriblement partial et déshumanisant.

J'ai commencé à remarquer cette rhétorique anti-LGBTIQ+ lors des violences post-électorales de 2007-2008 au Kenya, qui ont fait des milliers de morts. Ces reportages haineux étaient en fort contraste aux interactions agréables que j'avais avec des personnes queers au club et m'ont ouvert les yeux sur la discrimination dont sont victimes les personnes LGBTIQ+.

Lorsque j'ai été promu gérant.e du club en 2014, j'ai enfin pu me permettre de m'inscrire à l'université. Pendant mes études, j'ai travaillé avec d'autres étudiant.e.s pour créer des espaces sûrs sur le campus et au club, des espaces ouverts à tou.te.s, quels que soient le sexe, le genre, l'identité, la race, l'ethnie ou la couleur de peau.

De temps en temps, des gens venaient encore au club, se bourraient la gueule et commençaient à harceler les clients LGBTIQ+. Nous essayions de calmer ces perturbateur.rice.s ou demandions aux videur.euse.s de les mettre dehors s'ils persistaient à rendre l'environnement inconfortable pour tout le monde.

Comme j'accueillais de plus en plus de personnes LGBTIQ+ au club, j'ai commencé à faire des recherches sur la communauté pour trouver des informations précises sur leurs vies et pour essayer de comprendre pourquoi les médias ne racontent que des histoires négatives à leur sujet. J'ai découvert que le Kenya n'est pas le seul pays où les personnes LGBTIQ+ sont victimes de stigmatisation, de discrimination et de violence. Les minorités sexuelles et de genre font l'objet de discriminations dans de nombreuses régions du monde. Cela m'a surpris. Pourquoi ne pourrions-nous pas tou.te.s vivre ensemble en harmonie ?

Le club de strip-tease a fermé en 2016, alors j'ai commencé à chercher du travail en tant qu'infographiste et développeur web indépendant.e. On ne sait jamais où on peut décrocher son prochain contrat. Lors d'un voyage de

Mombasa à Nairobi, j'ai commencé à discuter avec un autre homme dans le bus. Nous avons échangé nos numéros et dans les mois qui ont suivi, nous avons continué à discuter de notre travail et de la communauté queer.

Une année plus tard, ce même homme m'a contacté pour un projet de développement de site web et m'a demandé de revenir à Mombasa pour rencontrer son équipe à PEMA Kenya. PEMA Kenya défend l'inclusion des minorités sexuelles et de genre en offrant un espace pour le plaidoyer, le réseautage et le renforcement des capacités. L'organisation voulait un nouveau site web pour mettre en valeur leur bon travail, et j'ai fait de mon mieux pour démontrer mon soutien à la communauté queer. Je me suis également porté.e volontaire pour créer et gérer leurs profils et leur présence sur les réseaux sociaux. Je travaille maintenant à PEMA Kenya en tant que responsable des TIC.

Dans le cadre de mon travail à PEMA Kenya, j'ai été présenté à HOYMAS (Health Options for Young Men on HIV/AIDS/STI) à Nairobi. HOYMAS a lancé un appel aux personnes souhaitant participer à un projet de recherche dirigé par la communauté, appelé The Assumptions Project. Je suis devenu le coordinateur du projet en 2018. Grâce à ce travail, j'ai pu mieux comprendre les réalités que vit les combats que mène la communauté queer du Kenya.

Des soirées tardives en boîte de nuit aux journées tranquilles devant l'ordinateur, le fait de travailler avec des personnes queers a renforcé ma passion pour la défense des droits humains. Je sais maintenant que, quelle que soit l'image que les médias donnent de la communauté LGBTIQ+, il y a toujours une autre histoire à raconter.

A luta continua!

Mc'Oveh est responsable des technologies de l'information et de la communication à PEMA Kenya, une organisation basée à Mombasa qui œuvre à combler les écarts entre les minorités sexuelles et de genre et la société en général.

EVOLVING FOR EQUALITY

JAY BRODRICK OTITA
Uganda

I was born and raised as a girl in a middle-class family in the poorest sub-region of Karamoja, northeastern Uganda. My parents owned a herd of cattle and ran local small-scale businesses to sustain us. When we were young, my siblings and I played mommy-daddy games. I always played the role of dad, husband, or son. At five, I married a girl in our make-believe world.

My mother bought dresses for me and my sisters every week, but I resisted wearing them. Just as I didn't understand that I couldn't marry a girl, I didn't realise that clothes were gender specific. I cried until she brought me a T-shirt and shorts instead.

In primary school I had to wear the school uniform, a little pink dress. I wore it to avoid being bullied, but with a T-shirt and shorts underneath to feel comfortable. I always preferred to sit with the boys and not the girls. After school, to make me happy, my big brother would take me to kick-boxing classes and football games.

As a tomboy in high school, I felt like a star. I was well-known for being one of the best basketball and football players, and I liked the attention I got from girls. A few of them had crushes on me, and the feeling was mutual. This got me into trouble.

My biggest trouble came the night Diana, a pretty girl I liked, had a heart attack in my bed. That night she was dressed in silky nightwear that showed off her curvy hips. She came to say goodnight, crawled into my bed, and we started talking about how she lost both her parents on the same day. It was an emotional moment. We hugged, then kissed.

I held her closer, and our kissing grew more intense. Suddenly she started gasping for breath. I panicked and tried to hold her down on the bed. I pressed her chest with my hands, administering first aid, but it didn't work, so I cried out for help. As we carried her to the school clinic, some of the other students said they knew I was doing evil things with Diana, and God had exposed my evil deeds. I was devastated but held back my tears.

I didn't know Diana had a hereditary heart problem. She was ultimately okay, but the headmaster started investigating me. He sided with the students who accused me of evil deeds and refused to hear my side of the story. I was shocked because I thought I was one of his favourite students. I felt broken. That's when I started questioning my existence. I also started searching for answers about who I was. I pored over online resources about transgender people and gender diversity and slowly started accepting myself and my reality.

Life got better when I started dating again, but in 2014 the brother of a girlfriend discovered our chat messages and exposed me on Facebook. I sank deep into a depression and was suicidal until a family friend, Rogers, told me about his former classmate Cleopatra Kambugu, who identifies as Uganda's first fully transitioned trans woman. Rogers said I reminded him of Cleo and gave me her social media handle. I reached out. Our online conversations affirmed my feelings and gave me a deeper understanding of who I am. She helped me understand my true nature as a young transgender man.

In 2016, while at university, I started learning more about LGBTIQ+ organisations in Uganda and attending advocacy meetings. I was disappointed not to find a trans men-specific organisation that addressed our needs. I eventually joined Sexual Minorities Uganda (SMUG)'s Quchu Leadership Academy, a mentorship program for young queer leaders in Uganda, and started my own organisation, T-Men Evolution Uganda.

T-Men Evolution Uganda focuses on advocating for the fundamental human rights of my community. By coming together, we hope to overcome stigma, and the brutal homophobic and transphobic legislation that deprives us of justice and equality.

Jay Brodrick Otita is the founding director of T-Men Evolution Uganda, the first trans men-specific organisation in Uganda.

ÉVOLUER POUR L'ÉGALITÉ

JAY BRODRICK OTITA
Ouganda

Je suis né fille et ai grandi en tant que fille dans une famille de classe moyenne dans la sous-région la plus pauvre de Karamoja, au nord-est de l'Ouganda. Mes parents possédaient un troupeau de bovins et dirigeaient de petites entreprises locales pour subvenir à nos besoins. Quand nous étions jeunes, mes frères et sœurs et moi jouions au papa et à la maman. Je jouais toujours le rôle du père, du mari ou du fils. À cinq ans, j'ai épousé une fille dans notre monde imaginaire.

Ma mère achetait des robes pour moi et mes sœurs chaque semaine, mais je faisais tout pour ne pas les porter. Et puis je ne comprenais pas pourquoi je ne pouvais pas épouser une fille, je ne m'étais pas rendu compte que les vêtements étaient spécifiques à chaque sexe. Je pleurais jusqu'à ce qu'elle m'apporte un T-shirt et un short à la place.

À l'école primaire, je devais porter l'uniforme scolaire, une petite robe rose. Je la portais pour éviter les intimidations, mais avec un T-shirt et un short en dessous pour être à l'aise. J'ai toujours préféré m'asseoir avec les garçons et non avec les filles. Après l'école, pour me faire plaisir, mon grand frère m'emmenait aux cours de kick-boxing et aux matchs de foot.

Au lycée, j'étais un garçon manqué et j'avais l'impression d'être une star. J'étais connu pour être l'un des meilleurs joueurs de basket et de football, et j'aimais l'attention que me portaient les filles. Certaines d'entre elles avaient le béguin pour moi, et c'était réciproque. Cela me causait des problèmes.

Mon plus gros problème est survenu la nuit où Diana, une jolie fille que j'aimais bien, a eu une crise cardiaque dans mon lit. Cette nuit-là, elle portait une tenue de nuit soyeuse qui mettait en valeur ses hanches galbées. Elle est venue me dire bonne nuit, s'est glissée dans mon lit, et nous avons commencé à parler du fait qu'elle avait perdu ses deux parents le même jour. C'était un moment émouvant. Nous nous sommes enlacé.e.s, puis embrassé.e.s.

Je l'ai serrée plus fort, et nos baisers sont devenus plus intenses. Soudain, elle a commencé à avoir du mal à respirer. J'ai paniqué et j'ai essayé de la retenir sur le lit. Je compressais sa poitrine avec mes mains, lui administrant les premiers soins, mais ça n'a pas marché, alors j'ai crié à l'aide. Alors que nous la transportions à la clinique de l'école, certains des autres élèves ont dit qu'iels savaient que je faisais des choses maléfiques avec Diana, et que Dieu avait exposé mes actes maléfiques. J'étais accablé mais j'ai retenu mes larmes.

Je ne savais pas que Diana avait un problème cardiaque héréditaire. Elle s'en est finalement sortie, mais le directeur a commencé à mener des enquêtes sur moi. Il a pris le parti des élèves qui m'accusaient d'actes maléfiques et a refusé d'entendre ma version des faits. J'étais choqué parce que je pensais être l'un de ses élèves préférés. Je me suis senti brisé. C'est à partir de ce moment-là que j'ai commencé à remettre en question mon existence. J'ai aussi commencé à chercher des réponses sur qui j'étais. J'ai parcouru les ressources en ligne sur les personnes transgenres et la diversité des genres et j'ai commencé à m'accepter et à accepter ma réalité.

La vie s'est améliorée lorsque j'ai recommencé à sortir avec des filles, mais en 2014, le frère d'une petite amie a découvert nos conversations sur une plateforme de messagerie instantanée et m'a exposé sur Facebook. J'ai sombré dans une profonde dépression et j'étais suicidaire jusqu'à ce qu'un ami de la famille, Rogers, me parle de son ancienne camarade de classe Cleopatra Kambugu, qui s'identifie comme la première femme transgenre ougandaise ayant entièrement complété sa transition en Ouganda. Rogers m'a dit que je lui rappelais Cléopâtre et m'a donné son pseudonyme sur les réseaux sociaux. Je l'ai contactée. Nos conversations en ligne ont confirmé mes sentiments et m'ont permis de mieux comprendre qui je suis. Elle m'a aidé à comprendre ma vraie nature en tant que jeune homme transgenre.

En 2016, alors que j'étais à l'université, j'ai commencé à en apprendre plus sur les organisations LGBTIQ+ en Ouganda et à assister à des réunions de plaidoyer. J'ai été déçu de ne pas trouver d'organisation dédiée aux hommes trans qui réponde à nos besoins. J'ai fini par rejoindre la Quchu Leadership Academy de Sexual Minorities Uganda (SMUG), un programme de mentorat pour les jeunes leaders queers en Ouganda, et j'ai créé ma propre organisation, T-Men Evolution Uganda.

T-Men Evolution Uganda se focalise sur la défense des droits humains fondamentaux de ma communauté. En nous réunissant, nous espérons surmonter la stigmatisation et la législation homophobe et transphobe brutale qui nous prive de justice et d'égalité.

Jay Brodrick Otita est directeur fondateur de T-Men Evolution Uganda, la première organisation spécifiquement dédiée aux hommes trans en Ouganda.

I KNOW WHO YOU ARE

LUSA CHISULO
Zambia

Growing up as an African girl is strange. Your value is based on the assumption that you will grow up to marry a man; but what if that's not what you want?

After my first period, my aunt told me I had become a woman and instructed me to undress. I was obviously confused, but since she was an adult, I had to do what she said. She took out some black powder and put it on her fingertips. She reached between my legs and pulled my labia. I was confused and in pain. "This is for your future husband," she explained. "You must keep doing this. If you don't, I'll pick pegs from the washing line and pull them myself!" It was painful and humiliating.

Labia pulling is common in Zambia. Young girls are taught to pull their labia to enhance the pleasure future husbands will feel during sex. I was still a child, still confused about my sexuality, but somehow I was supposed to visualise sex with a man and start pulling myself?

I was scared my aunt would go through with her clothes peg threat, so I stayed away from her, but I didn't pull myself. I threw her black powder to the back of my cupboard and grew angry with my mother, thinking she had set me up. This anger made me rude to everyone at home, so I was sent away to boarding school.

Living at the school hostel was scary. Other girls proudly said they would beat or kill a lesbian if they found one. One day, a female classmate asked to sleep in my bed. Lying there, side by side, she whispered, "I know who you are" and kissed me. What I had always suspected—that I liked girls—was confirmed. Filled with shame, I grew increasingly hostile in the months that followed and eventually transferred to a different school closer to home.

I started having bad menstrual cramps and my aunt came to visit. "Have you been doing what I told you?" she asked, already knowing my answer. "You haven't, and that is why you have all this pain." She forced my skirt off and pinched my thighs. I felt humiliated.

She shouted at me and told me I would never have a happy husband. I lost it and screamed, "What if it's not a husband I want? What if I'm gay?" My aunt slapped me and threatened to tell my family, saying they'd kill me if they found out.

My father sent me to a clinic to address the menstrual pain. Being the rude child I had become, I told my mother not to follow me into the consultation room. I walked down the baby blue corridors. Their innocence made me feel safe, but the doctor mocked me, telling me the pain was because I started liking boys.

"Don't scream. You are stubborn," he said as he forced himself onto me. The walk back to my mother was horrid. Those baby blue walls turned black. I didn't tell my mother anything. I kept quiet and blamed myself for what had happened. Once again someone had violated me. I felt like my body didn't belong to me anymore, like I'd left it behind.

A few years later I applied to university in the United Kingdom and was accepted to study law. I was finally in a place where it felt safe to be queer and started exploring my sexuality. It turns out I'm bisexual. Being Zambian, it still feels weird writing that as my truth, my affirmation.

I was finally happy and ready to come out as bisexual to my mother, but she died before I got the chance. We became extremely close towards the end of her life, so I felt robbed once again. I came back to Zambia depressed. Home only reminded me of my mother's death.

To ease the pain I started volunteering for a local feminist organisation called the Sistah Sistah Foundation. At one of their advocacy workshops I met a lesbian feminist who served as the head of programmes at The Lotus Identity, a Lusaka-based NGO that empowers marginalised voices. She quickly became my mentor, colleague, and friend.

Zambian queerness has a face, and it's beautiful. We are an unspoken family. We know each other and we protect each other in ways I've never felt before. Working with The Lotus Identity has helped me heal and reclaim my power. I've learned to choose which ideas about gender I want to adopt and which I can leave behind. Now I help other queer women who have experienced grief, self-hatred, and harmful practices such as rape and labia pulling. I'm defying rules and stereotypes by embracing all facets of my identity as a young, black, feminist, queer, African woman.

Being a queer African woman is strange, but I'm stronger for all the challenges society throws my way. For the first time, I'm proud to be both Zambian and queer.

Lusa Chisulo is the media and logistical officer at The Lotus Identity, a Lusaka-based NGO that works to empower marginalised voices in Zambia.

JE SAIS QUI TU ES

LUSA CHISULO
Zambie

Grandir en tant que fille africaine est étrange. Ta valeur est fondée sur l'hypothèse que tu grandiras pour épouser un homme ; mais que faire si ce n'est pas ce que tu veux ?

Après mes premières règles, ma tante m'a dit que j'étais devenue une femme et m'a demandé de me déshabiller. J'étais évidemment perplexe, mais comme c'était une adulte, je devais faire ce qu'elle disait. Elle a sorti une poudre noire et l'a mise sur le bout de ses doigts. Elle a passé la main entre mes jambes et a tiré mes lèvres. J'étais désorientée et j'avais mal. « C'est pour ton futur mari, » m'a-t-elle expliqué. « Tu dois continuer à faire ça. Si tu ne le fais pas, je prendrai des pinces à linge sur la corde à linge et je les tirerai moi-même ! » C'était douloureux et humiliant.

L'étirement des lèvres est une pratique courante en Zambie. On apprend aux jeunes filles à étirer leurs lèvres pour augmenter le plaisir que leurs futurs maris ressentiront pendant les rapports sexuels. J'étais encore petite, je ne comprenais toujours pas ma sexualité, mais j'étais censée imaginer des rapports sexuels avec un homme et commencer à m'étirer les lèvres ?

J'avais peur que ma tante mette à exécution sa menace de pince à linge, alors je suis restée loin d'elle, mais je n'ai me suis pas étiré les lèvres à nouveau. J'ai jeté sa poudre noire au fond de mon armoire et je me suis mise en colère contre ma mère, pensant qu'elle m'avait piégée. Cette colère m'a rendue odieuse envers tout le monde à la maison, et j'ai été envoyée dans un pensionnat.

La vie au foyer de l'école était effrayante. Les autres filles disaient fièrement qu'elles battraient ou qu'elles tueraient une lesbienne si elles en croisaient une. Un jour, une camarade de classe a demandé à dormir dans mon lit. Allongée là, côte à côte, elle a murmuré « Je sais ce que tu es » et m'a embrassée. Ce que j'avais toujours soupçonné — que j'aimais les filles — venait d'être confirmé. Remplie de honte, je suis devenue de plus en plus hostile dans les mois qui ont suivi et j'ai fini par être transférée dans une autre école, plus près de chez moi.

J'ai commencé à souffrir d'horribles crampes menstruelles et ma tante est venue me rendre visite. « Tu as fait ce que je t'ai dit ? » me demanda-t-elle, connaissant déjà ma réponse. « Tu ne l'as pas fait, et c'est pour ça que tu as mal. » Elle m'a forcé à enlever ma jupe et m'a pincé les cuisses. Je me suis sentie humiliée. Elle m'a crié dessus et m'a dit que je ne pourrais jamais rendre mon mari heureux. J'ai perdu la tête et j'ai crié : « Et si ce n'est pas un mari que je veux ? Et si j'étais gay ? » Ma tante m'a giflée et a menacé de le dire à ma famille, disant qu'ils me tueraient s'iels découvraient cela.

Mon père m'a envoyée dans une clinique pour traiter les douleurs menstruelles. Étant l'enfant impolie que j'étais devenue, j'ai dit à ma mère de ne pas me suivre dans la salle de consultation. J'ai marché à travers les couloirs bleu bébé. L'innocence de la couleur me mettait en sécurité, mais le médecin s'est moqué de moi, en me disant que la douleur était due au fait que j'avais commencé à aimer les garçons.

« Ne crie pas. Tu es têtue, » a-t-il dit en se jetant sur moi. Le chemin du retour pour aller chez ma mère a été pénible. Ces murs bleu bébé sont devenus noirs. Je n'ai rien dit à ma mère. J'ai gardé le silence et me suis blâmée pour ce qui était arrivé. Une fois de plus, quelqu'un m'avait violée. J'avais l'impression que mon corps ne m'appartenait plus, que je l'avais laissé derrière moi.

Quelques années plus tard, je me suis inscrite à une université au Royaume-Uni et j'ai été acceptée pour étudier le droit. J'étais enfin dans un endroit où je me sentais en sécurité pour être queer et j'ai commencé à explorer ma sexualité. Il s'avère que je suis bisexuelle. En tant que Zambienne, cela me fait toujours bizarre d'écrire ma vérité, mon affirmation comme ça.

J'étais enfin heureuse et prête à faire mon coming out de bisexuelle auprès de ma mère, mais elle est morte avant que j'en aie l'occasion. Nous nous étions extrêmement rapprochées l'une de l'autre vers la fin de sa vie, alors j'ai eu encore une fois l'impression d'avoir été dépossédée. Je suis revenue en Zambie déprimée. La maison ne faisait que me rappeler la mort de ma mère.

Pour soulager la douleur, j'ai commencé à faire du bénévolat pour une organisation féministe locale, la Sistah Sistah Foundation. Lors de l'un de leurs ateliers de plaidoyer, j'ai rencontré une féministe lesbienne qui dirigeait les programmes de The Lotus Identity, une ONG basée à Lusaka qui soutient les voix marginalisées. Elle est rapidement devenue mon mentor, ma collègue et mon amie.

Le mouvement queer zambien a un visage, et il est beau. Nous sommes une famille qui ne dit pas son nom. Nous nous connaissons et nous nous protégeons mutuellement comme je ne l'ai jamais fait auparavant. Travailler avec The Lotus Identity m'a aidée à guérir et à retrouver la force. J'ai appris à choisir quelles idées sur le genre je veux adopter et celles que je peux laisser derrière moi. Aujourd'hui, j'aide d'autres femmes queers qui ont connu le deuil, la haine de soi et des expériences douloureuses telles que le viol et l'étirement des lèvres. Je défie les règles et les stéréotypes en assumant toutes les facettes de mon identité en tant que jeune femme noire, féministe, queer et africaine.

Être une femme queer et africaine est une chose étrange, mais je suis plus forte pour surmonter tous les défis que la société me lance. Pour la première fois, je suis fière d'être à la fois zambienne et queer.

Lusa Chisulo est responsable des médias et de la logistique à The Lotus Identity, une ONG basée à Lusaka qui œuvre à l'autonomisation des personnes marginalisées en Zambie.

JUSTICE WITH HONESTY

NUCCI
Burundi

I was born into a religious and culturally conservative society devastated by decades of socio-political conflict. When I was younger, I didn't understand why we went to church every Sunday but never went to mosque. Were we not talking about the same God? I also didn't understand why people told me I belonged to one ethnic group but not the other. Were we not all human beings?

I don't like labels, the idea that complex individuals can be reduced to single identities. Fortunately, my parents felt the same way. They taught me the values of respect, dignity, and honesty towards others, but above all towards myself.

At eight years old, I already knew I was … not "different," but "unique." I didn't know how to talk about my uniqueness, so I kept quiet and became a reserved child. This shaped me into someone who observes and analyses the world before commenting or taking action, traits that would later influence my career.

My passion for honesty and justice pushed me to finish law school and join an international organisation that promotes access to justice for vulnerable people. That's where I met Isaac. Isaac had come to Burundi from the Democratic Republic of Congo seeking asylum. Shaking, he told me his story. Isaac had been outed against his will, chased away by his family, and targeted with death threats.

I saw myself in Isaac. We were the same age, grew up around similar cultures and religions with tribal divisions and armed conflict, and had the same dream: to infuse justice with honesty. Like me, Isaac was bisexual but resisted labels. I was surprised to meet someone so similar to me and saddened to learn of the discrimination he experienced in his journey of exile. I saw the desperation in his eyes and realised how privileged I was to have never endured such struggles. I felt guilty for not being able to help him. Although Isaac had escaped the DRC, Burundi still criminalises sex between people of the same sex, so his claim for asylum on the basis of sexual-orientation persecution was doomed to fail.

Illustration by Bridget Wainaina

I started researching my country's LGBTQ movement to find other ways I could help Isaac and came across the organisation Mouvement pour les Libertés Individuelles (MOLI). MOLI works with LGBTQ community organisations in Francophone countries in Central and Eastern Africa to advocate for gender and sexual minorities. I referred Isaac's case to MOLI, who worked with its network of human rights defenders to resettle Isaac in the United States. I was impressed with how MOLI handled Isaac's case, and my interest in their work continued to grow.

A few years later, when MOLI posted a vacancy for a legal and policy officer, it seemed like an excellent opportunity to put my professional experience to good use and help other people like me and Isaac. I got the job and began coordinating MOLI's work, documenting violations and abuses against sexual and gender minorities. We do this through local and collective community watch and response mechanisms, offering rapid assistance where needed.

When I look back on my journey, I realise I couldn't have found a better context to reconcile justice and honesty for myself and my community.

Nucci is the advocacy officer at the Mouvement pour les Libertés Individuelles (MOLI) in Bujumbura.

UNE JUSTICE HONNÊTE

NUCCI
Burundi

Je suis né dans une société très religieuse et culturellement conservatrice, ravagée par des décennies de conflits socio-politiques. Plus jeune, je ne comprenais pas pourquoi on allait à la messe tous les dimanches et qu'on n'allait jamais à la mosquée. Ne parlait-on pas du même Dieu ? Je ne comprenais non plus pourquoi on me disait que j'appartenais à telle ethnie et pas à telle autre. N'etions pas tou.te.s des êtres humains ?

Je n'aime pas les étiquettes, l'idée qu'un être humain, dans toute sa complexité, puisse être réduit à une identité unique. Heureusement, j'ai eu la chance d'avoir des parents qui étaient du même avis. Ils m'ont inculqué les valeurs du respect, de la dignité, de l'honnêteté envers les autres, mais surtout de l'honnêteté envers soi-même.

À huit ans déjà, je savais que j'étais … pas différent — mais plutôt particulier, comme enfant. Je ne savais pas comment parler de ma singularité. Donc, je me suis tout simplement tu, et je suis devenu un garçon très réservé. Mon enfance a fait de moi une personne qui observe et analyse le monde avant de faire tout commentaire ou t de poser un acte. Ces traits influenceraient plus tard la carrière que j'allais suivre.

Mon besoin de concilier justice et honnêteté m'avait poussé à decrocher un licence en droit et à integrer une organisation internationale qui promouvait l'accès à la justice pour les personnes les plus vulnérables. Et c'est là, dans cette organisation-là, que j'ai rencontré Isaac. Il arrivait au Burundi en provenance de la République Démocratique du Congo pour y demander l'asile. Tremblant, il m'a raconté son histoire. Isaac avait été outté contre son gré, pourchassé par sa famille et menacé de mort.

Je me suis vu en Isaac. Nous avions le même âge, avions grandi dans des cultures et des religions similaires des divisions tribales et des conflits armés. Nous avions le même rêve : concilier justice et honnêteté. Comme moi, Isaac est bisexuel mais n'a jamais aimé qu'on réduise un humain à une simple étiquette. Je suis etonné d'avoir rencontré quelqu'un qui me ressemble tant et attristé de savoir ce qu'il a vécu en matière de discriminations dans son parcours d'exil. J'ai vu du désespoir dans ses yeux et me suis rendu compte du privilège que j'ai de n'avoir jamais eu à vivre ce qu'il a vécu. Je me culpabilise de ne pas être en mesure de l'aider. Isaac a fui son pays pour le Burundi : un pays qui criminalise, lui aussi, les relations sexuelles entre personnes de même sexe. Sa demande d'asile sur base de persécution en raison de son orientation sexuelle ne pouvait qu'être vouée à un échec.

Je fais mes premières recherches sur le mouvement LGBTQ du Burundi pour voir s'il existe d'autres façons d'aider Isaac. La recherche me conduit au Mouvement pour les libertés individuelles (MOLI). MOLI travaille avec plusieurs organisations communautaires LGBTQ, dans des pays francophones d'Afrique centrale et orientale pour effectuer un plaidoyer sur les minorités sexuelles et de genre. Le cas d'Isaac leur a été référé. MOLI a travaillé avec un réseau de defenseur.euse.s des droits humains afin de placer Isaac aux Etats Unis. Mon intérêt sur leur travail s'amplifie.

Quelques années après, quand MOLI publie la vacance d'un poste de chargé.e des questions juridiques et politiques, cela me semble être une excellente opportunité de pouvoir faire usage de mon expérience professionnelle pour aider des personnes comme Isaac et moi. Je décroche le poste et commence à travailler à MOLI où je coordonne le travail de l'organisation en documentant des cas d'abus et de violations des droits des minorités sexuelles et de genre. Nous y parvenons grâce à un mécanisme de veille et de réponse communautaires. Tout est géré localement et collectivement. Nous offrons une assistance efficiente en temps réel.

Aujourd'hui, lorsque je regarde mon parcours, je me dis que je n'aurais pas pu trouver meilleur contexte pour enfin concilier justice et honnêteté pour ma communauté et moi.

Nucci est le responsable du plaidoyer au Mouvement pour les Libertés Individuelles (MOLI) à Bujumbura.

UNIQUE BUT NOT ALONE

UNIQUE BUT NOT ALONE

KELSEY KINGSLEY
Nigeria

This is not a story of how nature loves chaos, but of how a 17-year-old boy saved his life from chaos to lay claim to his own fate. This is a story about a boy on a quest to steer his wheel of destiny.

Once upon a time, in the port city of Calabar, there lived a boy named Kelsey. He was a typical emo teen.

He wasn't an only child, but he was the odd one out. Kelsey was deeply introverted. He feared his own shadow. He wished that his life would come to a quick end. Society had expectations he couldn't meet.

Kelsey couldn't love girls, hated wearing masculine clothes, and had a high-pitched voice that made people ask, "Are you a girl?" when he talked. His voice earned him slaps, kicks, and sometimes beatings. He was special. A soft, fragile, effeminate, human punchbag.

He was different. He was emotional. He was angry for not being able to stand up for himself when bullied by stronger kids. He loved other boys. He was afraid of what people would do to him if they found out he was gay. He was constantly filled with sadness for existing in a world where his own family loved him but wished for gay people to perish in Hell.

But Kelsey's life wasn't all sadness. He had joyous moments too, so joyous you might think he had no worries, so joyous you wouldn't know he suffered from a personality disorder and had the most severe form of low self-esteem.

Kelsey had been on medication since he was 10 and got additional prescriptions at 14 for mental health challenges. His mom always said if these drugs could keep him alive, why not take them and live? So he did.

But when he watched his mom wish jungle justice on an effeminate guy one day, Kelsey realised it would be difficult to live his truth. Christians in his community encouraged Kelsey to join hate crusades against queer people—but what was the point in abusing people like you, in hating yourself, he wondered.

Illustration by Amina Gimba

Kelsey felt sorry for other queer people and powerless to defend them. He fell deeper into depression and increased his dependence on the white and blue pills that offered him solace.

In 2015 Kelsey strolled into an HIV testing booth hoping for the best but fearing the worst. The news that he was HIV-positive crushed his soul. He finally had a reason to end his life, yet every attempt failed. Aborted trips to the cliffs. Razor scars on his wrists. Swinging from the ceiling and crashing down on rock-hard asbestos. He went through many hells trying to die. After so many unsuccessful attempts, Kelsey instead started searching for ways to live with HIV.

Kelsey learned all he could from seminars, movies, and the Internet. He became someone every "different" child could talk to, whether or not they were HIV-positive. That's when he discovered his light, his fire, his zeal to ensure that no one else would go through the hells he endured alone.

Kelsey started working as an expert client in the facility that provided his medications. There he became the first appointed champion of Operation Triple Zero, a young adult and adolescent club set up by the non-profit organisation FHI360 to improve the quality of life for HIV-positive people and ensure they had zero missed appointments, zero missed antiretroviral drugs, and zero viral loads.

As Kelsey started accepting himself for who he was, he fell in love with another guy. Kelsey realised that being with family wouldn't let him grow, so he left home for Lagos.

In Lagos, Kelsey started working with several non-profit organisations that serve the LGBTQI community. He now works to make sure young people are heard and treated as equal regardless of sexual orientation or HIV status. He wrote this story to remind young queer people that "different" is just another word for unique. You are beautiful, and you're not alone.

Kelsey Kingsley is the communication/media and publication officer at Think Positive Live Positive Support Initiative (TPLPI), a GBQMSMLHIV-led organisation in Lagos that serves gay, bisexual, queer, men who have sex with men living with HIV in Nigeria.

UNIQUE MAIS PAS SEUL.E

KELSEY KINGSLEY
Nigeria

Cette histoire ne raconte pas comment la nature aime le chaos, mais comment un garçon de 17 ans s'est sauvé du chaos pour revendiquer son propre destin. C'est l'histoire d'un garçon qui cherche à prendre en main la roue de son destin.

Il était une fois, dans la ville portuaire de Calabar, un garçon qui s'appelait Kelsey. C'était un adolescent emo typique.

Il n'était pas enfant unique, mais il était à part. Kelsey était profondément introverti. Il avait peur de sa propre ombre. Il souhaitait que sa vie s'achève rapidement. La société avait des attentes qu'il ne pouvait pas satisfaire.

Kelsey n'aimait pas les filles, détestait porter des vêtements masculins et avait une voix aiguë qui poussait les gens à demander « Es-tu une fille ? » quand il parlait. Sa voix lui valait des gifles, des coups de pied, et parfois des raclées. Il était spécial. Un sac de frappe humain, doux, fragile et efféminé.

Il était différent. Il était émotif. Il était en colère parce qu'il n'était pas capable de se défendre quand il était malmené par des enfants plus costauds. Il aimait les autres garçons. Il avait peur de ce que les gens lui feraient s'ils découvraient qu'il était gay. Il était constamment rempli de tristesse à vivre dans un monde où sa propre famille l'aimait mais souhaitait que les gays finissent en enfer.

Mais la vie de Kelsey n'était pas que tristesse. Il avait aussi des moments joyeux, si joyeux qu'on aurait pu penser qu'il n'avait pas de soucis, si joyeux qu'on ne pouvait pas savoir qu'il souffrait d'un trouble de la personnalité et souffrait de la forme la plus grave de manque d'estime de soi.

Kelsey prenait des médicaments depuis l'âge de 10 ans et on lui avait prescrit des médicaments supplémentaires à 14 ans en raison de troubles de santé mentale. Sa mère lui disait toujours que si ces médicaments pouvaient le maintenir en vie, pourquoi ne pas les prendre et vivre ? Chose qu'il faisait.

Mais lorsqu'il a vu sa mère souhaiter un jour la mort d'un mec efféminé, Kelsey a compris qu'il lui serait difficile de vivre sa vérité. Les Chrétiens de sa communauté ont encouragé Kelsey à se joindre aux croisades incitant à la haine contre les personnes queers — mais quel est l'intérêt de maltraiter des gens comme vous, de vous détester vous-même, se demandait-il.

Kelsey avait pitié des autres personnes queers et se sentait incapable de les défendre. Il a sombré dans la dépression et a augmenté sa dépendance aux pilules blanches et bleues qui lui apportaient du réconfort.

En 2015, Kelsey est entré dans un stand de dépistage du VIH en espérant le meilleur mais en craignant le pire. La nouvelle qu'il était séropositif au VIH a brisé son âme. Il avait enfin une raison de mettre fin à sa vie. Pourtant toutes ses tentatives ont échoué. Des voyages avortés vers les falaises. Des cicatrices de rasoir sur ses poignets. Se balancer du plafond et s'écraser sur de l'amiante dur comme de la pierre. Il a traversé de nombreux enfers en essayant de mourir. Après tant de tentatives ratées, Kelsey a commencé à chercher des moyens de vivre avec le VIH.

Kelsey a appris tout ce qu'il pouvait grâce aux séminaires, aux films et à Internet. Il est devenu quelqu'un à qui tou.te.s les enfants « différent.e.s » pouvaient parler, qu'iels soient porteur.euse.s du VIH ou pas. C'est à ce moment-là qu'il a découvert sa lumière, son feu, son désir de faire en sorte que personne d'autre ne vive l'enfer qu'il avait traversé seul.

Kelsey a commencé à travailler en tant qu'expert client dans l'établissement qui lui fournissait ses médicaments. C'est là qu'il est devenu le premier soutien désigné de l'opération Triple Zéro, un club de jeunes adultes et d'adolescents créé par l'organisation à but non lucratif FHI360 pour améliorer la qualité de vie des personnes vivant avec le VIH et faire en sorte qu'elles ne manquent aucun rendez-vous, ne manquent la prise d'aucun médicament antirétroviral et atteigne une charge virale indétectable.

Alors que Kelsey commençait à s'accepter tel qu'il était, il est tombé amoureux d'un autre homme. Kelsey s'est rendu compte que rester avec sa famille ne le ferait pas grandir, alors il a quitté la maison familiale pour aller à Lagos.

À Lagos, Kelsey a commencé à travailler avec plusieurs organisations à but non lucratif qui œuvrent en faveur de la communauté LGBTQI. Il travaille maintenant pour s'assurer que les jeunes sont entendu.e.s et traité.e.s comme des égaux.ales, quelle que soit leur orientation sexuelle ou leur statut sérologique. Il a écrit cette histoire pour rappeler aux jeunes personnes queers que « différent.e » n'est qu'un autre mot pour dire « unique » Tu es beau.elle, et tu n'es pas seul.e.

Kelsey Kingsley est responsable de la communication, des médias et de la publication à Think Positive Live Positive Support Initiative (TPLPI), une organisation dirigée par GBQMSMLHIV à Lagos qui vient en aide aux hommes gays, bisexuels, queers et hommes ayant des rapports sexuels avec des hommes (HSH) vivant avec le VIH au Nigeria.

DIFFERENT, BUT HUMAN

GEORGE LAFON
Cameroon

At age six, after the unexplained death of my older sister Yvonne, I moved from the bustling city of Douala to Nkar, a beautiful village in the North-West region of Cameroon. I lived there with my mom, who had just divorced my dad. Nkar is steeped in superstition and home to a traditional communal lifestyle where one man's problem is a problem for all. Having spent my earlier years in the city, I struggled to settle into the slower pace and conservative beliefs of this village life.

In high school, I started changing. I was attracted to boys and couldn't explain why. I thought I was losing my mind. I didn't trust anyone enough to explain my feelings, especially not my firebrand Christian mom. If I told anyone in the village, my news would have spread like wildfire, so I kept quiet. The older I got, the harder it was to hide my differences; I was bullied at school and at home.

I didn't want to disappoint my mom, so I kept my mouth and heart shut. I spent most days alone in my room. I didn't understand my attraction to men, so I tried to bury my feelings. I was bullied and assaulted so many times I lost count. Finally, after failed attempts to conform like the boys around me, I realised I needed to accept myself for who I was. And so my journey began.

At 17 I met Jeffrey, a classmate who helped me discover there were other people like me. He walked up to me at school one day and boldly told me he was gay—and said he knew I was too. Jeffrey quickly became my pillar of support. He defended me from bullies and encouraged me to focus on things that made me happy.

Our time together was beautiful but short-lived. A freak accident sent Jeffrey to the hospital. I visited him there, and with the little energy he had left, he said, "I hope you will fight and give courage to those who are like us." Those were Jeffrey's last words to me before he died.

When I left Nkar for university four years later, Jeffrey's last words still echoed in my mind. With no luck finding love, I focused my attention on studying. I graduated in 2019 as one of the top students in the Department of Political

Science. What should have been a joyous moment turned sour when I took the bold step of telling my family about my sexual orientation. They didn't take it lightly. They called my sexuality an abomination and swiftly chased me out of the family home, where I'm still not welcome.

Fortunately, a friend took me in. While staying with him, I researched Cameroon LGBTIQ+ organisations and learned that Working for Our Wellbeing (WFW) Cameroon was recruiting volunteers. I applied and was appointed assistant communication officer. In this role I've met many LGBTIQ+ people who live in fear and battle with their sexuality and society's expectations, just as I had.

I decided to become a voice for our community. I knew it would be difficult and worried about what people might say—but I kept remembering Jeffrey's last words. I mustered the courage, and in February 2021 started using my social media accounts to advocate for the rights of LGBTIQ+ persons. Through these channels, many other queer people have found their voices.

I'm now fighting for the complete decriminalisation of homosexuality in Cameroon. I know this path I've chosen isn't easy, but my conviction and determination drive me. I remain fuelled by my experiences, Jeffrey's legacy, and the desire to leave a legacy of my own; one that reminds people that despite our differences, we are all human.

George Lafon is a communication officer at Working for Our Wellbeing (WFW) Cameroon and a human rights campaigner in Douala.

DIFFÉRENT.E.S, MAIS HUMAIN.E.S

GEORGE LAFON
Cameroun

À l'âge de six ans, après la mort mystérieuse de ma sœur aînée Yvonne, j'ai quitté Douala, cette ville dynamique pour m'installer à Nkar, un beau village de la région du Nord-Ouest du Cameroun. J'y vivais avec ma mère, qui venait de divorcer de mon père. Nkar est plongé dans la superstition et abrite un mode de vie communautaire traditionnel où le problème de l'un est un problème pour tous. Ayant passé mes premières années en ville, j'ai eu du mal à m'adapter au rythme plus lent et aux croyances conservatrices de ce village.

Au lycée, j'ai commencé à changer. J'étais attiré par les garçons et je ne pouvais pas expliquer pourquoi. Je pensais que je perdais la tête. Je ne faisais pas assez confiance à qui que ce soit pour expliquer mes émotions, surtout pas à ma mère, une chrétienne fanatique. Si j'en avais parlé à quelqu'un du village, la nouvelle se serait répandue comme un feu de forêt, alors je me suis tu. Plus je grandissais, plus il m'était difficile de cacher mes différences ; j'étais victime d'intimidations à l'école et à la maison.

Je ne voulais pas décevoir ma mère, alors j'ai fermé ma bouche et mon cœur. Je passais la plupart des jours seul dans ma chambre. Je ne comprenais pas mon attirance pour les hommes, alors j'essayais d'enfouir mes sentiments. J'ai été brutalisé et agressé tant de fois que j'en ai perdu le compte. Finalement, après des tentatives ratées de me conformer aux garçons qui m'entouraient, j'ai compris que je devais m'accepter tel que j'étais. Et c'est ainsi que mon aventure a commencé.

À l'âge de 17 ans, j'ai rencontré Jeffrey, un camarade de classe qui m'a aidé à découvrir qu'il y avait d'autres personnes comme moi. Un jour, à l'école, il s'est approché de moi et m'a dit avec audace qu'il était gay — et qu'il était certain que je l'étais aussi. Jeffrey est rapidement devenu mon principal soutien. Il m'a défendu contre les brutes et m'a encouragé à me concentrer sur ce qui me rendait heureux.

Notre temps ensemble était magnifique mais de courte durée. Un accident bizarre a envoyé Jeffrey à l'hôpital. Je lui ai rendu visite et il m'a dit, avec le peu d'énergie qu'il lui restait : « J'espère que tu lutteras et que tu donneras du courage à ceux qui sont comme nous. » Ce sont les derniers mots que Jeffrey m'a adressés avant sa mort.

Quand j'ai quitté Nkar pour l'université quatre ans plus tard, les derniers mots de Jeffrey résonnaient encore dans ma tête. Sans chance de trouver l'amour, j'ai concentré tous mes efforts sur les études. J'ai obtenu mon diplôme en 2019 en faisant partie des meilleurs étudiants du département de sciences politiques. Ce qui aurait dû être un moment joyeux a mal tourné lorsque j'ai osé parler à ma famille de mon orientation sexuelle. Ils ne l'ont pas pris à la légère. Ils ont qualifié ma sexualité d'abomination et m'ont rapidement expulsé du foyer familial où je ne suis toujours pas le bienvenu.

Heureusement, un ami m'a hébergé. Pendant que j'habitais chez lui, j'ai fait des recherches sur les organisations LGBTIQ+ du Cameroun et j'ai appris que Working for Our Wellbeing (WFW) Cameroon recrutait des volontaires. J'ai postulé et j'ai été nommé assistant en communication. Dans le cadre de ce poste, j'ai rencontré de nombreuses personnes LGBTIQ+ qui vivent dans la peur et se battent pour vivre leur sexualité et contre les attentes de la société, tout comme moi.

J'ai décidé de devenir la porte-parole de notre communauté. Je savais que ce serait difficile et je m'inquiétais de ce que les gens pourraient dire — mais je me rappelais sans cesse les derniers mots de Jeffrey. J'ai rassemblé mon courage et, en février 2021, j'ai commencé à utiliser mes comptes sur les réseaux sociaux pour défendre les droits des personnes LGBTIQ+. Grâce à ces canaux, de nombreuses autres personnes queers ont pu trouver leur voix.

Je lutte actuellement pour la dépénalisation complète de l'homosexualité au Cameroun. Je sais que la voie que j'ai choisie n'est pas facile, mais ma conviction et ma détermination me poussent à aller de l'avant. Ce qui me motive, ce sont mes expériences, l'héritage de Jeffrey et le désir de laisser à mon tour un héritage qui rappellerait aux gens que malgré nos différences, nous sommes tou.te.s humain.e.s.

George Lafon est chargé de communication à Working for Our Wellbeing (WFW) Cameroon et défenseur des droits humains à Douala.

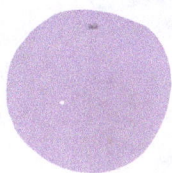

I WEAR MY COLOURS WITH PRIDE

GRACE AKUMU
Kenya

I was raised in a polygamous family, the middle child of five and my father's favourite. Daddy was increasingly absent from home, leaving Mom to carry the household, so at 19 I got a job in sales to help her meet the mountain of bills.

I developed "strange" feelings towards a female colleague but shunned them to settle into relationships with men. Some were violent and nearly cost me my life. Within a few years I gave birth to two adorable children.

Finally, in 2019, I was love-struck! I met Eddy, the woman of my dreams. She was beautiful and handsome. We hit it off hard and couldn't wait to show the world how beautiful we looked together. I had a problem, though; I had never shown my family my "other" side. I knew I needed to introduce Eddy to my son and daughter, but they already questioned why I was so close to certain female friends. They met Eddy with confusion and rebellion. They could not understand why I had "become a lesbian."

My children faced hostility from neighbours and friends at school. My daughter became reserved and spent lots of time alone until one day she opened up and told me what was being said about her and us out there. We had a lengthy chat, and after that, she has been nothing but loving and supportive towards us. My son became rebellious and got involved in substance abuse. It got so bad that we could not live with him under the same roof, as he was posing a security threat to us as a family.

Early in 2020, while I was still debating how to handle my son and introduce Eddy to the rest of my family, I lost my grandfather. He was a Luo leader who had political influence in the rural Nyanza region where I grew up. As burial plans got underway, I grew nervous and scared of the reaction we would get for attending the funeral as a couple. Everyone would be there.

On the day, Eddy and I proudly wore matching rainbow wristbands. I noticed my nosy relatives looking at us and giggling. Some would say, "Haki anakaa chali! Anakaa boy!" meaning "She looks like a guy! She looks like a boy!" every time Eddy walked by. Eddy is masculine presenting, which left people wondering. When asked who she was, I introduced her as a close friend. When the time came to pay my final respects, I remember my aunty pulling me close to grandpa's casket. I pulled Eddy along with me, as there was no way I was letting go of her hand. We both looked down at his still but calm body, and I believe grandpa smiled. To this date, Eddy insists he smiled at us.

Our traditional Luo burials are usually accompanied by a celebration of drinking, feasting, and music. That evening, Eddy and I were having a drink with some of my cousins. My elder brother, who I thought I had a close relationship with, started insulting me and questioning who Eddy was to me and why I had brought her home. Things got heated. Eddy and I withdrew from the festivities and went to my mother's house to sleep.

The next morning, my mother wanted to know what had happened the night before. At that moment, in front of everyone, I came out to my family. Even though there was still tension in the air, no one pursued the previous night's events or my revelation further. With my truth now out in the open, there was finally some respect for Eddy and me.

Since my grandfather's funeral in 2020, Eddy and I have gone through hell and high water, through periods of unemployment and homelessness. My family turned their back on us when we were in need. Our son told the police he wasn't comfortable staying at home because his mother had "decided to become a lesbian." The police detained me and Eddy in a cell, saying we were a "threat" to our son and that we were "recruiting our children into homosexuality." By this time, the relationship with our son had become so estranged that his father, whom I'd left 12 years before, came back and took our children away from me. Eddy has remained a calming presence throughout these tumultuous times.

I distanced myself from my family for my own sanity and well-being. Those months apart helped Eddy and I refocus and strategise, and led to the birth of Winam Chanua Dada (CHADALA). Using a human rights-based approach, CHADALA seeks to improve the health and livelihoods of young LBQ women through the arts, socio-economic activities, advocacy, and building networks.

After six months of silence, my mother contacted me. A call to check up led to a conversation about forgiveness and the rebirth of our love. She now accepts both Eddy and me unconditionally. This change of heart opened the door to more fence-mending with other family members. Before he died, my dad started referring to Eddy as his daughter, and mum describes Eddy as her in-law. The love and support of my siblings has been amazing. Our kids are happily living with us again, and I am pleased that I can now wear my colours with pride, even within my family.

Grace Akumu is a human rights campaigner, mental health advocate and a founder of Winam Chanua Dada (CHADALA) in Kisumu, Kenya.

JE PORTE MES COULEURS AVEC FIERTÉ

GRACE AKUMU
Kenya

J'ai été élevée dans une famille polygame, je suis la cadette de cinq enfants et la préférée de mon père. Mon père était de plus en plus absent de la maison, laissant ma mère s'occuper de tout. À 19 ans, j'ai trouvé un emploi dans la vente pour l'aider à payer les nombreuses factures.

J'avais développé des sentiments « étranges » envers une collègue mais je les avais évités pour entretenir des relations avec des hommes. Certains étaient violents et avaient failli me faire perdre la vie. Quelques années plus tard, j'ai donné naissance à deux adorables enfants.

Finalement, en 2019, j'ai eu le coup de foudre ! J'ai rencontré Eddy, la femme de mes rêves. Elle était belle et séduisante. Nous nous sommes bien entendues et nous avions hâte de montrer au monde entier à quel point nous étions belles ensemble. Mais j'avais un problème : je n'avais jamais montré à ma famille mon « autre » côté. Je savais que je devais présenter Eddy à mon fils et à ma fille, mais ils se demandaient déjà pourquoi j'étais si proche de certaines amies. La rencontre d'Eddy s'était faite dans la confusion et la rébellion. Iels ne pouvaient pas comprendre pourquoi j'étais « devenue lesbienne. »

Mes enfants ont été confrontés à des réactions hostiles de la part des voisin.e.s et de leurs ami.e.s à l'école. Ma fille s'est repliée sur elle-même et passait beaucoup de temps seule jusqu'au jour où elle s'est ouverte à moi et m'a dit ce qu'on disait d'elle et de nous dehors. Nous avons eu une longue discussion, et depuis, elle n'a fait que nous aimer et nous soutenir [Eddy et moi]. Notre fils s'est rebellé et s'est mis à prendre de la drogue. La situation s'est tellement détériorée que nous ne pouvions plus vivre avec lui sous le même toit, car il représentait une menace pour la sécurité de la famille.

Début 2020, alors que je réfléchissais encore à la manière de gérer mon fils et de présenter Eddy au reste de la famille, j'ai perdu mon grand-père. C'était un leader Luo qui avait une influence politique dans la région rurale de Nyanza où j'avais grandi. Pendant les préparatifs des funérailles, j'étais de plus en plus anxieuse et appréhandais la réaction à laquelle nous nous confronterions si nous allions aux funérailles en tant que couple. Tout le monde serait là.

Le jour venu, Eddy et moi avons fièrement porté des bracelets arc-en-ciel assortis. J'ai remarqué que mes proches curieux nous regardaient et riaient. Certains disaient : « Haki anakaa chali ! Anakaa boy ! », ce qui signifie « Elle ressemble à un homme ! Elle ressemble à un garçon ! » chaque fois qu'Eddy passait devant elleux. Eddy a une apparence masculine, ce qui rendait les gens perplexes. Quand on me demandait qui elle était, je la présentais comme une amie proche. Quand le moment est venu de rendre un dernier hommage, je me souviens que ma tante m'a attiré près du cercueil de mon grand-père. J'ai emmené Eddy avec moi, car il était hors de question que je lâche sa main. Nous avons toutes les deux regardé son corps immobile mais calme, et je crois que grand-père a souri. A ce jour, Eddy insiste qu'il nous a souri.

Nos enterrements traditionnels sont généralement accompagnés d'une fête où l'on boit, où l'on festoie et où l'on joue de la musique. Ce soir-là, Eddy et moi étions en train de boire avec certain.e.s de mes cousin.e.s. Mon frère aîné, dont je pensais être proche, a commencé à m'insulter et à me demander qui était Eddy pour moi et pourquoi je l'avais ramenée avec moi. La situation est devenue tendue. Eddy et moi sommes parties et sommes allées dormir chez ma mère.

Le lendemain matin, ma mère voulait savoir ce qui s'était passé la veille. À ce moment-là, devant tout le monde, j'ai fait mon coming-out à la famille. Même si l'ambiance était encore tendue, personne n'a cherché à en savoir plus revenir sur les événements de la veillée ou sur ma révélation. Avec la vérité sur Eddy et moi maintenant exposée au grand jour, il y avait enfin un certain respect à notre égard.

Depuis les funérailles de mon grand-père en 2020, Eddy et moi avons traversé l'enfer, des périodes durant lesquelles nous nous sommes retrouvées au chômage et sans-abri. Ma famille nous a tournées le dos quand nous étions dans le besoin. Notre fils a dit à la police qu'il n'était pas à l'aise dans la même maison que sa mère qui avait « décidé de devenir lesbienne. » La police nous a détenues, Eddy et moi, dans une cellule, en disant que nous étions une « menace » pour notre fils et que nous « étions en train de recruter nos enfants dans l'homosexualité. » À ce moment-là, mon fils et moi étions devenu.e.s si distant.e.s que son père, que j'avais quitté 12 ans plus tôt, est revenu et m'a pris nos enfants. Eddy est restée une présence rassurante tout au long de cette période difficile.

Je me suis éloignée de ma famille pour préserver ma santé mentale et pour mon bien-être. Ces mois de séparation nous ont permis, à Eddy et moi, de nous recentrer et d'élaborer des stratégies, et ont abouti à la création de

Winam Chanua Dada (CHADALA). En adoptant une approche fondée sur les droits humains, CHADALA cherche à améliorer la santé et les moyens de subsistance des jeunes femmes LBQ par le biais de l'art, d'activités socio-économiques, de la défense des droits et de la création de réseaux.

Après six mois de silence, ma mère m'a contactée. Un appel pour prendre des nouvelles a conduit à une conversation sur le pardon et la renaissance de notre amour. Elle accepte maintenant Eddy et moi sans condition. Ce changement a ouvert la porte à d'autres compromis avec d'autres membres de la famille. Avant sa mort, mon père a commencé à parler d'Eddy comme de sa fille, et ma mère considère Eddy comme sa belle-fille. L'amour et le soutien de mes frères et sœurs ont été extraordinaires. Nos enfants sont heureux de vivre à nouveau avec nous, et je suis heureuse de pouvoir porter mes couleurs avec fierté, même en famille.

Grace Akumu est une militante des droits humains, de la santé mentale et fondatrice de Winam Chanua Dada (CHADALA) à Kisumu, au Kenya.

ABOUT TABOOM MEDIA

Taboom's media training, mentoring, publishing, monitoring, and response programs catalyse ethical journalism and public discourse around taboo topics. By shining light on taboos in the news, we aim to break their power. Our global work challenges stigmas, replacing stereotypes and discrimination with accuracy and respect. We facilitate responsible media coverage to safeguard and champion vulnerable communities and to advance human rights.

To learn more about our work and to download a free copy of this anthology, visit TaboomMedia.com.

Taboom
meDia

À PROPOS DE TABOOM MEDIA

Les programmes de formation, de mentorat, de publication, de suivi et de réponse aux médias de Taboom catalysent le journalisme éthique et le discours public autour de sujets tabous. En mettant en lumière les tabous de l'actualité, nous voulons casser leur pouvoir. Notre travail au niveau mondial remet en question les stigmates, en remplaçant les stéréotypes et la discrimination par la précision et le respect. Nous facilitons une couverture médiatique responsable pour protéger et défendre les communautés vulnérables et faire progresser les droits humains.

Pour en savoir plus sur notre travail ou pour télécharger une copie gratuite de cette anthologie, visitez notre site web TaboomMedia.com.

ABOUT GALA QUEER ARCHIVE

GALA is a catalyst for the production, preservation and dissemination of information about the history, culture and contemporary experiences of LGBTIQ people in South Africa. As an archive founded on principles of social justice and human rights, GALA continues to work towards a greater awareness about the lives and experiences of LGBTIQ people in South Africa, and Africa more broadly. Thus their main focus is to preserve and nurture LGBTIQ narratives and culture, as well as promote social equality, inclusive education and youth development.

GALA publishes under their imprint, MaThoko's Books, a rare publishing outlet for LGBTIQ writing and scholarly works on LGBTIQ-related themes in Africa.

À PROPOS DE GALA QUEER ARCHIVE

GALA sert de catalyseur pour la production, la préservation et la diffusion d'informations sur l'histoire, la culture et les expériences contemporaines des personnes LGBTIQ en Afrique du Sud. En tant que centre d'archives fondé sur les principes de la justice sociale et des droits humains, GALA continue à œuvrer pour une plus grande sensibilisation à la vie et aux expériences des personnes LGBTIQ en Afrique du Sud, et plus largement en Afrique. Son objectif principal est donc de préserver et de nourrir les récits et la culture LGBTIQ, ainsi que de promouvoir l'égalité sociale, l'éducation inclusive et le développement de la jeunesse.

GALA publie sous sa propre marque, MaThoko's Books, un espace rare pour les écrits et les travaux universitaires sur les thématiques liées aux LGBTIQ en Afrique.

Taboom Media and GALA Queer Archive would like to thank
the following organisations for their support.

*Taboom Media et GALA Queer Archive tiennent à remercier les
organisations suivantes pour leur soutien.*

**National Endowment
for Democracy**
Supporting freedom around the world

SAIH

**THE
SIGRID
RAUSING
TRUST**

**Australian
Volunteers**

www.ingramcontent.com/pod-product-compliance
Lightning Source LLC
Chambersburg PA
CBHW080645270326
41928CB00017B/3199